U0580394

知识管理与智能服务研究前沿丛书

2022年度湖北省社科基金一般项目（后期资助项目）（HBSK2022YB307）成果

光伏扶贫项目减贫机制研究

——基于可持续生计视角

刘婧 著

WUHAN UNIVERSITY PRESS
武汉大学出版社

图书在版编目(CIP)数据

光伏扶贫项目减贫机制研究:基于可持续生计视角/刘婧著.—武汉:武汉大学出版社,2023.10
知识管理与智能服务研究前沿丛书
ISBN 978-7-307-23944-9

Ⅰ.光…　Ⅱ.刘…　Ⅲ.农村—太阳能光伏发电—投资项目—扶贫—研究—中国　Ⅳ.F426.61

中国国家版本馆 CIP 数据核字(2023)第 158512 号

责任编辑:聂勇军　　　责任校对:鄢春梅　　　版式设计:马　佳

出版发行:**武汉大学出版社**　(430072　武昌　珞珈山)
　　　　　(电子邮箱:cbs22@whu.edu.cn　网址:www.wdp.com.cn)
印刷:武汉中远印务有限公司
开本:720×1000　1/16　印张:14.75　字数:217 千字　插页:2
版次:2023 年 10 月第 1 版　　2023 年 10 月第 1 次印刷
ISBN 978-7-307-23944-9　　定价:58.00 元

前　言

消除贫困是联合国可持续发展目标之一，更是我国进入中国特色社会主义新时代非常重要的经济和政治任务。自2015年脱贫攻坚战的冲锋号吹响以来，我国扶贫事业迅速推进，并取得巨大的成就。近年来，我国已经进入巩固脱贫攻坚成果同乡村振兴有效衔接的关键时期。光伏扶贫项目是我国精准扶贫的十大工程之一，是实现新能源发展、扶贫目标和乡村振兴有机结合的农村绿色发展新路子。然而，将大规模的光伏产业用于农村扶贫与建设受到诸多因素的影响。随着我国光伏扶贫项目的快速发展和过度扩张，诸如收益分配方式混乱、发电系统质量低下、农村并网困难、忽视项目后期运维等问题凸显，使得社会公众对光伏扶贫项目能否实现扶贫与发展预期目标产生怀疑。就我国的光伏扶贫项目而言，即使政府投入了很大的资金，贫困家庭能否受益以及如何受益在很大程度上还是未知的。此外，在国内外以太阳能光伏技术促进减贫的研究中，较少从可持续生计视角分析光伏扶贫项目对贫困农户的减贫作用和效应。因此，探索以贫困人口生计可持续为目标的光伏扶贫项目减贫机制势在必行。

在上述背景下，本书致力于解决以下关键问题：（1）影响光伏扶贫项目减贫作用的主要因素有哪些？（2）光伏扶贫项目对贫困人口减贫的机制是怎样的？（3）不同类型的贫困家庭在光伏扶贫项目减贫路径方面是否存在显著差异？（4）光伏扶贫项目对贫困家庭生计资本改善的实际贡献如何？（5）光伏扶贫项目可持续发展过程中存在的风险有哪些？（6）能否得到促进光伏扶贫项目可持续发展的政策建议，以进一步巩固农村脱贫成效？

为了解决上述问题，本书将从理论探索和实证检验相互验证的角度出发，采用定性与定量研究相结合的方式，通过农户问卷调查和深度访谈，于 2018 年 4 月至 9 月获取全国 9 个贫困县（包括宁夏永宁县、海原县、内蒙古察右中旗、青海共和县、甘肃通渭县、山西天镇县、湖北长阳县、河南上蔡县、安徽金寨县）的 1112 户建档立卡贫困农户实施光伏扶贫项目的基本数据，探索了我国光伏扶贫项目的减贫机制。主要研究工作包括：（1）查阅国内外相关文献，设计整体研究方案；（2）界定相关概念、梳理相关理论并进行文献综述分析；（3）基于相关文献综述和理论分析，提炼内生动力的测量维度，从内生动力视角对可持续生计理论进行理论拓展，并围绕生计资本、内生动力、生计策略、生计结果构建光伏扶贫项目减贫机制的概念模型；（4）采用结构方程模型、中介效应分析、多组对比分析等方法，验证光伏扶贫项目减贫的研究假设，分析基于不同类型贫困家庭光伏扶贫项目的减贫差异，并识别光伏扶贫项目减贫因子；（5）通过概率分布比较、均值比较、独立样本检验、双重差分回归模型等方法分析光伏扶贫项目实施前后农村家庭生计资本的变化情况，量化光伏扶贫项目的减贫效果；（6）通过案例研究法对光伏扶贫项目可持续减贫风险进行分析，并提出促进我国光伏扶贫项目可持续减贫的政策建议，为我国相关政府部门和光伏企业提供决策参考。

通过上述理论探索与实证检验，我们发现：（1）光伏扶贫项目对农村贫困家庭生计改善产生显著的正向影响。（2）光伏扶贫项目对农村贫困家庭生计结果的影响，部分通过中介变量生计资本、内生动力以及生计策略来实现。（3）对于非农型农户、高节能习惯家庭、高学历水平的贫困家庭而言，光伏扶贫项目对生计结果的影响相对显著；而对于非农型农户、低节能习惯家庭、低学历水平的贫困家庭来说，光伏扶贫项目对生计资本的影响相对显著。(4)对于高光伏发电认知和高光伏扶贫项目认知家庭来说，光伏扶贫项目对生计资本、思想动力和生计策略的影响相对显著，且对高认知家庭生计结果的影响，部分通过中介变量思想动力来实现。(5)我国光伏扶贫项目对农村家庭生计资本总量增加的净效应为31.9%，且在中国三类太阳能光照资源区的反贫困效果存在地域性差异。(6)影响光伏扶贫项目可持续发展的风险主要包括投融资模式风险、招投标环节风险、电站建设质量与产品质量风险、电站运维管理风险、项目收益分配风险等。

根据上述研究结论，本书提出政策建议，包括因地制宜大力开展光伏扶贫项目；加强贫困人口内生动力的培育；鼓励综合素质相对较高的贫困家庭开展户用型光伏扶贫项目；加大光伏扶贫项目宣传力度，提高农村家庭对光伏扶贫项目的认知度；制定光伏扶贫项目健康发展长效机制。

本书的主要贡献和创新体现在以下三个方面：

首先，构建了基于可持续生计视角的光伏扶贫项目减贫机制的理论模型。本书弥补了现有文献单一维度测量的不足，首次提出从思想动力和行为动力两个维度界定个体的内生发展动力；突破了传统可持续生计理论在解释由个体主观因素产生的贫困问题所存在的局限性，从内生动力角度对经典可持续生计分析框架进行了拓展；在此基础上，构建了基于可持续生计视角的光伏扶贫项目减贫机制的理论模型。

其次，探索了光伏扶贫项目对贫困农户改善生计的作用机制。现有研究仅涉及光伏扶贫项目的减贫效率评价和融资模式比较，很少关注其减贫的内部规律。本书通过大规模问卷调查，运用结构方程模型、双重差分回归模型等方法，论证了光伏扶贫项目对农村贫困家庭生计资本、内生动力、生计策略和生计结果改善的积极影响，探索了基于可持续生计视角的光伏扶贫项目减贫机制。

最后，揭示了我国不同类型贫困家庭和不同认知程度农户光伏扶贫项目减贫差异的内在规律。本书为了提升研究的深度和广度，充分考虑贫困地区经济发展水平和光伏扶贫项目实施特征，从家庭收入结构、节能习惯、受教育程度、年龄、光伏发电认知和光伏扶贫项目认知 6 个维度对贫困家庭进行分类，采用多组比较分析，比较了不同类型贫困家庭和不同认知程度农户光伏扶贫项目减贫规律上的异同，以期为政府制定相关政策提供依据。

目　　录

3

第1章 绪 论

本章首先介绍了本书的选题背景与研究意义，接着对所涉及的相关概念进行界定，然后阐述了研究内容、研究目标和研究方法，并提出本书的技术路线图，最后对本书的创新之处进行了详细说明。

1.1 选题背景与研究意义

1.1.1 选题背景

消除贫困是联合国可持续发展目标之一，更是我国进入中国特色社会主义新时代非常重要的社会任务、经济任务和政治任务。自2015年脱贫攻坚战的冲锋号吹响以来，我国扶贫事业迅速推进，并取得巨大的成就。据统计，按照中国政府的扶贫标准，即农民年人均纯收入2300元，我国2012年至2018年间全国贫困人口从9899万人减少至1660万人，累计减少8239万人，贫困发生率从2012年的10.2%下降至1.7%，累计下降8.5个百分点[1]。国家统计局数据显示，截至2020年底，我国贫困人口数已经降至551万人，贫困发生率降至0.6%。2021年底，我国全面完成了脱贫任务。我国政府以其极大的政治意愿强有力地推进扶贫开发战略部署，构筑了全社会扶贫的强大合力，受到全世界各国的广泛关注。

　　光伏扶贫项目是我国精准扶贫的十大工程之一，是实施精准脱贫的重要举措，是推进产业扶贫的有效措施，是造福贫困地区、贫困人群的民生工程。贫困地区有着丰富的自然资源和日照充足的优势，在贫困地区积极推广光伏扶贫项目，是实现新能源发展和扶贫目标有机结合的减贫新路子。2016 年，为促进贫困人口稳收增收、扩大光伏发电市场，国家能源局会同国务院扶贫办下达首批光伏扶贫项目，总规模 516 万千瓦，共涉及 14 个省的 2 万个贫困村。其中，村级太阳能光伏扶贫项目(含户用)218 万千瓦、集中式太阳能光伏扶贫发电项目 298 万千瓦[2]。到 2018 年，国家能源局会同国务院扶贫办再次下达了"十三五"规划第一批光伏扶贫项目计划，新增村级太阳能光伏扶贫项目 8689 个，装机总容量 418.62 万千瓦[3]，共涉及 236 个光伏扶贫项目重点县的 14556 个建档立卡贫困村，并惠及 710751 户建档立卡贫困户。到 2017 年底，我国已在 25 个省(自治区、直辖市)940 个县累计建成规模 1010 万千瓦的光伏扶贫项目，直接惠及约 3 万个村、164.6 万贫困户；已纳入国家光伏扶贫补助目录项目产能达 553.8 万千瓦，覆盖贫困户 96.5 万户。据国家电网公司统计，到 2018 年 7 月底为止，光伏扶贫项目电网完成投资 27.06 亿元，累计接网总容量 1195.2 万千瓦，惠及 188 万贫困户。截至 2021 年 1 月，我国光伏扶贫项目建设任务全面完成，累计建成光伏扶贫电站产能达 2636 万千瓦，惠及 6 万个贫困村、415 万贫困户，每年可实现电费和补贴收入约 180 亿元。由此可见，我国光伏扶贫项目不论是在建设规模还是在扶贫规模上均取得了巨大的成就。

　　光伏扶贫项目不仅为贫困农户提供了新型无污染的收入来源，促进了农村地区清洁能源的使用，还有助于改善当地生态环境[4]。然而，将大规模的光伏产业用于扶贫受到资源条件、市场环境、设备成本、基础设施、上网电价、用户体验、后期监管等诸多因素的影响[5]。在条件落后的农村地区实施光伏发电并促进减贫，仍然是一项挑战[6]。就我国的光伏扶贫项目而言，即使政府投入了很大的资金，贫困家庭能否真正受益以及如何受益在很大程度上还是未知的[7]。随着光伏扶贫发电项目的快速发展和过度扩张，诸如融资结构复杂引发的债务风险、收益分配方式混乱、发电质量低下、农村并网困难、项目后期电站运维困难等问题凸显，使得社会公众对光伏扶贫项目是否能够真正实现扶贫预期目标产生怀疑[4,8,9]。因此，有必要对现有光伏扶贫项目的减贫机制和效果进行深入研究，以便为未来制订更有效的光伏扶贫计划提供参考。

纵观国内外现有相关研究，光伏扶贫项目的减贫研究重点关注其减贫理念、政策梳理、存在的问题以及相关建议等方面，且大多是观点论述或小规模案例研究，而关于光伏扶贫项目对农村低收入家庭减贫的实证研究较少。然而，包含了脆弱性背景、生计资本、过程与政策、生计策略、生计结果等主要因素的可持续生计理论是解释贫困人口减贫成因的重要分析工具。分析现有研究我们发现，采用可持续生计理论解释反贫困问题的研究主要聚集在农村劳动力转移、生态补偿、移民搬迁、PPP 模式减贫等方面[10-14]，而很少涉及使用新能源减贫的光伏扶贫项目。因此，需要更多的经验数据来探索光伏扶贫项目对贫困家庭生计改善的研究，尤其是大规模的实证研究。而只有厘清光伏扶贫项目对贫困人口减贫的作用机制，才可能判断光伏扶贫项目的扶贫功效，也才有可能为国家相关部门出台光伏扶贫计划提供依据。那么，光伏扶贫项目通过何种路径影响农村低收入家庭的生计结果？光伏扶贫项目对贫困人口减贫的作用规律是怎样的？不同类型的贫困家庭在光伏扶贫项目减贫路径中是否存在显著差异？差异的程度如何？光伏扶贫项目的减贫效果如何？能否得到促进光伏扶贫项目可持续减贫的政策建议，以进一步巩固农村贫困人口脱贫成效，加快农村贫困人口致富的步伐？本书拟通过系统的理论分析和实证研究科学地回答上述问题。

1.1.2 研究意义

本书基于可行能力理论、赋权理论、可持续发展理论、参与式发展理论和可持续生计理论，对基于内生动力视角的可持续生计分析框架、光伏扶贫项目减贫理论模型、光伏扶贫项目的减贫规律、不同类型贫困家庭光伏扶贫项目的减贫差异、光伏扶贫项目的减贫效果以及光伏扶贫项目的减贫策略等进行研究，这对我国光伏扶贫项目的可持续发展具有重要的理论意义和实践意义。

1. 理论意义

本书旨在探究我国光伏扶贫项目减贫机制，探索光伏扶贫项目对贫困农户改善生计的内在规律。研究的问题，属于管理科学、环境经济学、行为经济学与社会学等交叉学科和前沿研究领域。本书的理论意义在于：一是提出促进贫困人口脱贫内生动力的测量维度，丰富和发展了减贫相关理论。本书在整合现有基于行为经济学、心智模式、人类认知等视角阐述下的贫困人口脱贫内生动力相关研究的基础上，认为激发贫困人口减贫的内生动力，不仅要催生贫困人口减贫的思想动力，也要释放贫困人口的行为动力以加强其减贫的能力与权利，并指出内生动力的测量包括思想动力和行为动力两个维度。二是基于内生动力视角对可持续生计分析框架进行了拓展，丰富和发展了可持续生计理论。本书将激发贫困人口内生动力纳入可持续生计理论中，强调关注贫困成因的个体内部属性，以适应扶贫策略内生性减贫研究。基于此，融合贫困人口的个体内部因素和外部环境因素双重因素，探索了我国光伏扶贫项目的减贫机制，在一定程度上延展了可持续生计理论。

2. 实践意义

开展"光伏扶贫项目减贫机制"的理论与实证研究，对于促进我国贫困人口可持续减贫、巩固农村贫困人口脱贫致富成效具有重要的现实意义，具体体现在：一是为我国相关政府部门提供光伏扶贫项目可持续减贫的政策建议。本书通过剖析光伏扶贫项目对贫困农户生计改善的一般规律，发掘政府通过光伏扶贫项目实现扶贫计划的关键因子，从而帮助政府制定有效的光伏扶贫项目实施方案，并提出光伏扶贫项目可持续减贫的政策建议，巩固可持续脱贫成果。二是推广我国光伏扶贫项目可持续减贫的良好实践。研究我国光伏扶贫项目的减贫规律可以为同样面临发展清洁能源和减贫双重挑战的世界其他国家提供借鉴，在国际语境中分享我国光伏扶贫项目的减贫经验和成就，以提升国际话语权，进而更好地鼓励各方积极参与，并形成光伏扶贫项目可持续减贫模式，保障我国光伏扶贫项目的可持续发展。

1.2 相关概念界定

1.2.1 贫困与反贫困

贫困与富足是一组相对概念，贫困与贫穷相类似。由于贫穷导致的生活窘困即为贫困，表现为物质生活的相对贫乏。贫困产生的根源在于物质生活的严重匮乏和精神生活的极度不足。因此，贫困不仅表现在物质生活层面，还体现在精神生活层面。在人类漫长的发展中，最初人们对于贫困的界定主要围绕其绝对内涵展开，认为贫困就是饥饿，表现为基本生活不能得到满足。在后续的研究历程中，人们开始将收入作为衡量贫困的标准，即所谓的收入贫困。之后，学者们提出相对贫困的概念，它是基于比较而得出的，即收入低于某一部分或者平均水平的那些人被认为处于贫困状态。事实上，当今国际上许多国家已经逐步实现了最低生活水平的满足，从绝对贫困的测量标准转化为相对贫困，而经济社会的快速发展毫无疑问是最大的贡献者。基于权利视角，著名经济学家阿马蒂亚·森认为："贫困必须被认为是对权利的剥夺，而不仅仅是收入(或消费)处于低下状态。"[15]

世界银行将贫困标准定义为人们可以维持生计的最低生活水准，即所谓的贫困线。贫困线是指国家为了救助由于自然、物质、经济、社会和心理等因素造成的收入不足且难以维持最低生活水准的社会成员所制定的救济标准。世界银行确定了全球社会救济标准(即贫困线)，从1990年宣布的"每天1美元"的标准，直至2015

年提升到"每天 1.9 美元"。自 1998 年以来，国内研究者基于国家统计局数据往往使用人均消费与人均收入这两项指标对贫困进行综合测量。从 2001 年开始，根据《中国农村扶贫开发纲要（2011—2020 年）》的相关规定，我国将每年人均纯收入无法达到 2300 元确定为中国贫困标准[16]。

在人类与社会漫长的发展过程中，人类从愚昧发展到文明、从落后发展到繁荣，这一过程也是人类与贫困不断进行斗争的艰难历程。其中，反贫困的过程主要表现为减少贫困、缓解贫困以及最终消除贫困三个阶段。减少贫困人口数量即为减少贫困；缓解贫困侧重于缓解贫困程度，包括贫困强度、广度和深度；消除贫困反映的是反贫困的最终目标即消除贫困。在我国，往往习惯使用"扶贫"一词来表示反贫困及其具体过程[12]。国际上通常采用各类测量指标来反映反贫困效率、效应或效果，其中经济指标主要由基尼系数、恩格尔系数、人均 GDP、贫困指数、资产指数等表征；社会指标则包括适龄学生入学率、婴幼儿死亡率、预期寿命等。本书涉及的反贫困概念即减少贫困和缓解贫困，具体指我国现行的开发式扶贫、已经取得胜利的脱贫攻坚以及后续的防返贫阶段。事实上，贫困和反贫困均属于相对概念。在不同的历史发展阶段、不同地区其具体含义不同，并且伴随时间的推移贫困线也会不断调整，而消除贫困终将是一项长期的事业。

1.2.2　可持续生计

早在 1987 年，世界环境与发展委员会最先提出了"可持续生计"的概念。之后，经过不断的实践研究，逐渐形成了发展成果惠及整体社会的政策思想。可持续生计概念的核心内涵包括生计（Livelihoods）与可持续性。由于研究范围的不同，生计这一术语在多数情况下内涵略有差异。普遍来说，生计指人们的生活手段或方式，它反映出个体或群体的生活状况。在一定生产生活条件下，这种生活方式（或状况）是个体做出选择的结果，其目的是为了生存与发展。在与贫困相关的研究中，生计一般包括资本、行动和权利。其中，资本由自然资本、人力资本、物质资本、金融资本和社会资本组成。这些生计组成要素决定了个体或以家庭为单位的群体的生活获取能力[14]。目前，被大多数学者认可的生计定义是："生计是指人们用以谋生的各种方式，这些谋生方式是基于能力（Capabilities）、资产（Assets）和活动（Activities）之上的。"[17]

生计也被视为一种有目的行动，其目的在于追求生存、谋求家庭发展、创造收入等。在行动视角下，生计强调实现生计的基本条件与其拥有的选择两者间的关系，不仅关注生活手段和方式，还反映出以家庭为单位的农户的生产与消费之间的统一，进而有助于理解人们以生存和发展为目标所寻求的不同生计策略。此外，生计概念的行动视角突破了传统意义上的诸如收入、消费、劳动、工作和就业等测量指标，它是对农户生产生活方方面面的综合测量，超越了收入与消费的单一评价方式[18]。

生计资本是可持续生计分析框架中涵义最为广泛的概念，包括自然资本、物质资本、金融资本、人力资本、社会资本。自然资本（Nature Capital，NC）指农户赖以生存的自然资源以及围绕其生活的生态环境，这类要素属于资源环境要素，适当利用可促进农户摆脱贫困。物质资本（Material Capital，MC）指农户所拥有的基本的生活和生产资料，用于维持生计和改善生产力水平。金融资本（Financial Capital，FC）指资金资源和资金流入，如收入、报酬、储蓄、工资、报酬等。人力资本（Human Capital，HC）主要包括健康、知识和技能、劳动能力、适应能力等，是生计资本的重要基础。社会资本（Social Capital，SC）产生于社会交往过程之中，是一种非制度化的社会规范和规则，进而演化出互惠互利、信息共享以及相互信任等结果。

1.2.3　光伏扶贫项目

一般认为，光伏扶贫项目（Photovoltaic Poverty Alleviation Program，PPAP）主要是指在住房屋顶和农业大棚上铺设太阳能电池板予以发电，"自发自用、多余上网"。农户若采用分布式光伏发电,一个微型光伏发电站将被建成。2015 年,国务院扶贫办将光伏扶贫项目确定为中国"十大精准扶贫工程"之一,该项目充分利用贫困地区太阳能资源丰富的优势,通过开发太阳能资源产生稳定收益,以实现扶贫开发、新能源利用、节能减排的效果[19]。

光伏扶贫项目是造福贫困地区和贫困人口的民生工程,也是壮大贫困村集体经济的有效举措。在政策方面,2013 年,安徽省金寨县作为我国光伏扶贫的发源地,率先对"光伏扶贫"进行了尝试,开启了我国光伏扶贫的先河。2014 年 10 月,国家能源局、国务院扶贫办联合印发《关于实施光伏扶贫工程工作方案》(国能新能〔2014〕447 号),决定利用 6 年时间组织实施光伏扶贫工程,指出光伏扶贫项目有利于农民增收就业,有利于农民生活方式变革,具有明显的产业带动和社会效益。2015 年 11 月,中共中央、国务院发布《关于打赢脱贫攻坚战的决定》(中发〔2015〕34 号),指出要大力实施产业扶贫。2016 年 3 月 23 日,国家发展改革委、国务院扶贫办、国家能源局等部门联合出台了《关于实施光伏发电扶贫工作的意见》(发改能源〔2016〕621 号),光伏扶贫项目在全国全面布局。此后,国家相关部门于 2016 年 10 月和 2017 年 12 月分两次各下达光伏扶贫专项规模 516 万千瓦和 419 万千瓦。截至 2021 年 1 月,我国光伏扶贫项目建设任务全面完成,累计建成的光伏扶贫电站产能达 2636 万千瓦,惠及 6 万个贫困村、415 万贫困户,每年可实现电费和补贴收入约 180 亿元。

从光伏扶贫项目模式来看,主要可以分为户用型光伏扶贫项目、村级光伏扶贫项目和地面集中式光伏扶贫项目三类。其中,(1)户用型光伏扶贫项目是指利用贫困农户屋顶等地建设 3 千瓦的分布式光伏发电系统,自发自用,多余电量上网,产权和收益均归贫困户所有。(2)村级光伏扶贫项目则是在村内或村旁建 100~300 千瓦的太阳能光伏电站,产权归村集体所有,全村贫困家庭均可分享项目收入。(3)地面集中式光伏扶贫项目是在村庄附近的荒山等适当地点建设大型太阳能光伏电站,贫困家庭和投资企业共同分享发电收入。此外,还有一种光伏扶贫项目模式,即"光伏+"模式,指为了有效利用土地资源，将太阳能发电与风能发电、农业大棚等农业设施相结合而构成的一种光伏扶贫项目模式。由于该光伏扶贫项目模式的产权也归贫困农户和投资企业共有，同地面集中式光伏扶贫项目类似，因此从农户受益的角度可将其划分为地面集中式光伏扶贫项目。

从各地实践来看，在光伏扶贫项目进展初期，以户用型光伏扶贫项目为主。此后，在2016年下达的光伏扶贫专项规模516万千瓦中，村级光伏扶贫项目（含户用）计218万千瓦，地面集中式光伏扶贫项目计298万千瓦，从此批规模来看，地面集中式光伏扶贫项目在项目规模中的占比要高于村级光伏扶贫项目。然而，在光伏扶贫项目的实际运行过程中，村级光伏扶贫项目模式以其独到的优势逐渐成为政府优先鼓励发展的模式。自2018年3月23日国家能源局和国务院扶贫办联合出台《光伏扶贫电站管理办法》（国能发新能〔2018〕29号）后，国家对光伏扶贫政策进行了调整，主要推荐发展村级光伏扶贫项目，将村级光伏扶贫项目作为主要发展模式。与户用型光伏扶贫项目相比，村级光伏扶贫项目的有利之处在于便于发电收益的动态调整和项目的运维管护，一方面，村级光伏扶贫项目与国家精准扶贫监测系统相关联，可以实现动态扶贫，精准到户；另一方面，村级光伏扶贫项目的太阳能发电系统建设相对集中，有利于专业人员后期的运维管护。与地面集中式光伏扶贫项目相比，村级光伏扶贫项目不存在企业参股情况，可将国家补贴资源和发电收益全部惠及贫困村和贫困户。

1.3 研究内容与研究目标

9

1.3.1 研究内容

太阳能光伏扶贫项目从首次尝试到蓬勃发展的过程，显示了该项目实现脱贫的强大能力。在脱贫攻坚取得全面胜利的背景之下，光伏扶贫项目不仅推动了贫困地区新能源产业的快速发展，同时刺激当地贫困人口就业，既带动贫困家庭增收，又提升了贫困农户的内生动力。然而，光伏扶贫项目的实施如何对贫困农户生计改善产生影响？即光伏扶贫项目如何发挥其减贫效应以及其减贫的作用机制是怎样的？依然是一个悬而未决的问题。探究光伏扶贫项目减贫的关键因子和减贫路径，探索光伏扶贫项目可持续减贫内在规律意义重大。在当前贫困人数迅速减少、外部性扶贫策略的减贫效应逐渐减弱的背景下，贫困人口如何从根源上摆脱贫穷以及外部性扶贫策略如何激发贫困人口的内生动力已迫在眉睫。本书基于定性和定量相结合的方法，探索"基于可持续生计视角的光伏扶贫项目减贫机制"，旨在为光伏扶贫项目的可持续减贫提供现实依据。具体来说，本书的研究内容主要包括以下五个方面：

1. 基于可持续生计视角的光伏扶贫项目减贫机制的理论模型构建

本书通过对国内外相关文献的梳理，厘清现有关于贫困测度、项目减贫、可持续生计、太阳能与扶贫、光伏扶贫项目等方面的研究现状。首先，在已有研究基础上，分析研究不足，挖掘本研究重点部分；融合可行能力理论、赋权理论提炼出内生动力的测量维度；结合可持续发展理论、参与式发展理论剖析光伏扶贫项目的减贫特征，即长效性导向、环境效应、能源配置效应、参与式发展效应和收益预期保障。其次，从内生动力视角对英国国际发展计划署（DFID）可持续生计理论进行适应性调整，使其更适用于我国光伏扶贫项目减贫机制研究。再次，构筑"基于可持续生计视角的光伏扶贫项目减贫机制"的理论模型，为光伏扶贫项目减贫机制研究的实证研究奠定理论基础。最后，围绕光伏扶贫项目减贫框架提出本书研究假设，建立整合研究模型。

2. 基于可持续生计视角的光伏扶贫项目减贫机制的实证检验

本书运用偏最小二乘法结构方程模型（PLS-SEM），完成测量模型和结构模型的实证检验，验证基于改进后的可持续生计分析框架所提出的研究假设，总结光伏扶贫项目的减贫路径。然后，运用中介效应分析，探析模型中可能存在的中介变量。本书还运用重要性-绩效映射图分析(Importance-performance-map analysis，IPMA)识别了影响光伏扶贫项目减贫的关键因子，细致分析了各潜变量层和显变量层的减贫因素。与此同时，采用多组比较分析和中介效应检验，对比分析不同类型贫困家庭(收入结构、节能习惯、学历、年龄)和不同太阳能光伏认知家庭(光伏发电认知、光伏扶贫项目认知)通过光伏扶贫项目减贫的路径差异。

3. 基于可持续生计视角的光伏扶贫项目减贫效果评价分析

本书进行了准实验研究，设计了干预组和对照组，以项目前后两个时点中国农村贫困家庭的样本面板数据为基础，通过概率分布比较、均值比较和独立样本检验等方法分析了光伏扶贫项目实施前后农村家庭生计资本的变化情况；从农村家庭的微观视角评估了光伏扶贫项目对贫困人口改善生计的实际贡献；基于可持续生计分析框架，利用五大生计资本值为贫困代理指标，采用双重差分回归模型量化了我国光伏扶贫项目的反贫困效果。此外，本书进一步探索了光伏扶贫项目在中国三类太阳能光照资源区的减贫差异。

4. 基于可持续生计视角的光伏扶贫项目风险分析

本书通过实地调研、深度访谈和案例研究方法，对我国光伏扶贫项目可持续减贫风险进行分析，结合我国光伏扶贫项目减贫机制与不同模式光伏扶贫项目可持续发展特征，从光伏扶贫项目发展全过程的角度，提出我国光伏扶贫项目可持续发展的改进策略。其中，全过程视角中的风险主要包括光伏扶贫项目融资模式风险、招投标环节风险、建设质量和产品质量风险、竣工验收风险、运维管理风险，以及收益分配风险等各种风险。

11

5. 基于可持续生计视角的光伏扶贫项目减贫的政策启示

我们基于定性与定量相结合的分析结论，结合我国光伏扶贫项目减贫内在规律、不同模式光伏扶贫项目特征以及不同类型贫困家庭减贫差异，提出了我国光伏扶贫项目可持续减贫的政策建议，为实现清洁能源发展和可持续减贫双重目标提供政策参考。

本书研究内容主要包括理论探索、实证检验和政策启示三部分。其中，研究内容一为本书的理论探索部分，即基于可持续生计视角的光伏扶贫项目减贫机制的理论模型构建；研究内容二和研究内容三为本书实证研究部分，即基于可持续生计视角的光伏扶贫项目减贫机制实证检验与基于可持续生计视角的光伏扶贫项目减贫效果评价，通过定性与定量分析相结合、深度访谈与问卷调查相结合、理论与实证交叉验证相结合等分析方法，对我国光伏扶贫项目的减贫规律进行了研究。研究内容四和研究内容五为本书的对策研究部分，即光伏扶贫项目可持续减贫的风险分析和政策启示。本书的理论探索、实证检验和政策启示相互依托、交互验证，为我国光伏扶贫项目可持续减贫提供分析框架和现实依据。

1.3.2 研究目标

本书瞄准光伏扶贫项目减贫研究的最新发展动向，采用科学的研究方法，开展光伏扶贫项目对贫困农户减贫机制的理论和实证研究，为丰富和发展该领域的理论成果、促进光伏扶贫项目减贫经验推广做出相应贡献。

1. 理论目标

其一，通过阅览国内外相关研究，基于可行能力理论和赋权理论，提炼了内生动力的测量维度。其二，从内生动力视角对 DFID 可持续生计理论进行适应性调整，构筑了基于可持续生计视角的光伏扶贫项目减贫机制的理论模型。其三，采用问卷调查与情境实验，结合结构方程模型与多组比较分析等方法，以期发现光伏扶贫项目的减贫路径和作用机制，揭示光伏扶贫项目对贫困人口生计改善的作用规律。

2. 应用目标

其一，综合定性分析与定量分析结论，为政府相关部门提供光伏扶贫项目可持续减贫的政策建议。其二，推广我国光伏扶贫项目可持续减贫的良好实践，提炼光伏扶贫项目减贫的中国经验，为同样面临新能源发展和缓解贫困双重挑战的世界其他国家提供国际经验。

1.4 研究方法与技术路线

1.4.1 研究方法

1. 文献分析法

本书采用文献分析法，借助各类文献资源数据库，以及政府出版物、外文书籍、报纸杂志、各类统计报告等数据资料来源，系统进行文献检索和资料查阅，结合文献阅读手段，对本书的国内外研究现状进行梳理与评析，以了解相关领域中已有的研究成果，为本书研究提供一些可供参考的研究思路。

2. 问卷调查和深度访谈

在进行光伏扶贫项目减贫机制研究之前，需要对目前我国实施光伏扶贫项目的样本县贫困人口的贫困状况等方面进行一对一深度访谈和问卷调查。对基于文献分析所构建的概念模型，采用李克特五点量表及客观值设计调查问卷。调查问卷设计后，还将选择10~

20 人进行模拟问卷调查，以发现问题并对问卷进行修改和完善。然后进行预调研，依据预调研实际情况再次对问卷初步设计中存在的问题进行修正。正式的问卷调查将在目前全国已实施光伏扶贫项目的 471 个贫困县展开。

3. 结构方程模型

结构方程模型（Structural Equation Model，SEM）是一种融合了因素分析和路径分析的多元统计技术，它能够对多变量之间交互关系进行定量研究。我们采用偏最小二乘法结构方程模型分析方法，结合 Smart PLS 3.0 软件进行结构方程建模，采用大样本调查问卷数据，以检验本书所构建的概念模型，检验理论分析提出的研究假设及各变量之间的相互关系。此外，本书还使用重要性-绩效映射图分析法识别光伏扶贫项目的减贫因子和因子绩效，分析各潜变量层和显变量层的影响因素。

4. 熵权法

本书运用 Min-Max 标准化方法对熵权法进行改进，将原始数据进行无量纲化处理，实现数据的同趋性和可比性。熵权法是一种客观赋权方法，它可以避免数据赋权的主观性，强调各指标的变异程度，利用信息熵计算出各指标的熵权。本书对基于可持续生计理论构建的贫困家庭生计资本测量指标，运用改进的熵权法确定各指标权重，确保研究更加客观。

5. 准实验研究法

准实验研究法是将真实验的方法用于解决实际问题的一种研究方法，它不能完全控制研究的条件，在某些方面降低了控制水平。尽管如此，它却在接近现实的条件下，尽可能地运用真实验设计的原则和要求，最大限度地控制各项因素，达到客观真实效果。本书采用准实验研究法，设计了光伏扶贫项目实施的干预组和对照组，为双重差分分析法的应用提供模拟情景。

6. 双重差分分析法

双重差分分析法（Difference in Difference，DID）是通过建模将研究对象受某项措施干预前后的效果与未受项目干预前后效果进行比较，两者之间的差值就是某项措施给研究对象带来的净效果，是两次差分的结果。本研究通过建立双重差分模型，以非光伏扶贫项目受益农户作为参照对象，分析光伏扶贫项目对贫困家庭生计资本影响的净效应，即量化光伏扶贫项目对农村低收入家庭的减贫净贡献。

7. 其他统计分析方法

多元回归分析：本书采用多元回归分析对光伏扶贫项目的减贫效果进行分析，着重评估了分组变量、时间变量、交互变量以及控制变量对生计资本变化的影响。

独立样本检验：本书采用独立样本检验对光伏扶贫项目实施下的不同农户分组的生计资本均值变化的差异进行了比较分析。

概率分布比较和均值比较：本书通过概率分布比较和均值比较分析了我国光伏扶贫项目实施前后农村家庭生计资本的变化情况，进而验证了我国光伏扶贫项目对低收入家庭生计资本的影响。

8. 案例研究方法

案例研究方法是指对某一个体或群体在较长时间里连续进行调查，从而研究其行为发展变化的全过程。本书采用案例研究方法对我国光伏扶贫项目可持续减贫风险进行分析，并结合我国光伏扶贫项目减贫规律与不同模式光伏扶贫项目可持续发展特征，从光伏扶贫项目发展全过程的角度提出我国光伏扶贫项目可持续发展的改进策略。

1.4.2 技术路线

本书将理论探索与实证研究有机结合，二者相互联系并相互验

15

证，具体包含以下研究内容和逻辑步骤：

（1）首先查阅国内外相关文献，设计本研究的整体研究方案。

（2）界定相关概念，梳理相关理论并进行文献综述分析。

（3）基于相关文献综述和理论分析，提炼出内生动力的测量维度，并从内生动力视角对 DFID 可持续生计理论进行理论拓展；围绕生计资本、内生动力、生计策略、生计结果以及光伏扶贫项目减贫路径提出研究假设，构建光伏扶贫项目减贫机制的研究模型。

（4）开展光伏扶贫项目减贫机制的实证研究设计。为保障研究的科学、客观性，实证研究设计包括问卷设计、预调研、正式问卷的发放回收、数据描述性统计、信度与效度检验。然后，通过实地调研获取的数据进行实证分析。

（5）光伏扶贫项目减贫机制的实证验证。采用结构方程模型、重要性-绩效映射图分析、中介效应分析、多组对比分析等方法，验证光伏扶贫项目减贫机制研究假设，识别光伏扶贫项目关键减贫因子，分析基于不同类型贫困家庭光伏扶贫项目的减贫差异。

（6）光伏扶贫项目减贫贡献评价。本书基于准实验研究，通过概率分布比较、均值比较和独立样本检验等方法分析光伏扶贫项目实施前后农村家庭生计资本的变化情况，将可持续生计中的生计资本值作为贫困代理指标，采用双重差分回归模型量化我国光伏扶贫项目的反贫困效果，并进一步探索光伏扶贫项目在我国三类太阳能光照资源区的减贫差异。

（7）光伏扶贫项目可持续减贫风险分析。基于案例研究方法对我国光伏扶贫项目可持续减贫风险进行分析，从光伏扶贫项目发展全过程的角度提出我国光伏扶贫项目可持续发展的改进策略。

（8）综合定性分析与定量分析结论，提出促进我国光伏扶贫项目可持续减贫的政策建议，为我国相关政府部门和企业提供决策参考。

本书的技术路线，如图 1-1 所示。

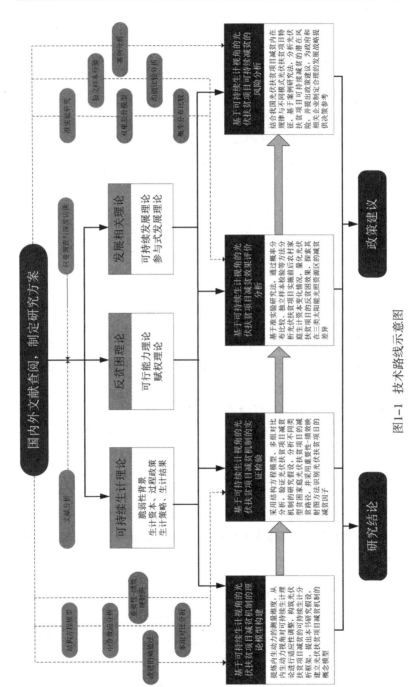

图1-1 技术路线示意图

📚 1.5　本书的创新之处

本书旨在探索作为中国十大精准扶贫工程之一的光伏扶贫项目的减贫机制，首先通过文献综述、理论梳理和推演，构建了光伏扶贫项目对农村贫困农户生计改善的理论模型；其次经过准实验设计、实地访谈、问卷调查、数据采集等过程对理论模型进行实证验证；再次对比分析了光伏扶贫项目实施前后农村家庭生计资本变化情况，量化了光伏扶贫项目的实际减贫贡献；最后提出我国光伏扶贫项目可持续减贫的政策建议。具体来说，本书的创新点包括以下四个方面：

1. 构建了贫困人口内生动力的指标体系

随着我国脱贫攻坚战的胜利完成以及贫困人口数量的迅速减少，以促进经济增长为核心的外部性扶贫策略的减贫效应逐渐减弱，个体的内生性贫困问题将成为后续减贫工作的重要部分。本书首次提出从思想动力和行为动力两个维度界定个体的内生发展动力，弥补了现有文献主要从精神贫困（思想动力）对内生动力进行单一维度测量的不足。在此基础上构建了贫困人口内生动力的指标体系，即激发贫困人口减贫的内生动力，不仅要催生贫困人口减贫的思想动力，还要释放贫困人口的行为动力。

2. 构建了基于可持续生计视角的光伏扶贫项目减贫机制的理论模型

首先，本书指出了传统可持续生计理论在解释由于个体主观因素所产生的贫困问题中存在的不足，将激发贫困人口内生动力纳入可持续生计分析框架，从内生动力的角度对 DFID 可持续生计分析框架进行了拓展。其次，在分析光伏扶贫项目减贫特征时，在阐述其传统意义上的长效性导向和环境效应的基础上，还加入了能源配置效应、参与式发展效应和收益预期保障等新的项目特征。最后，本书尝试性地提出光伏扶贫项目减贫的可持续生计分析框架，并构建了"基于可持续生计视角的光伏扶贫项目减贫机制"的理论模型，为光伏扶贫项目减贫机制的实证研究奠定了理论基础。

3. 探索了光伏扶贫项目对贫困农户改善生计的作用机制

国内外现有关于光伏扶贫项目的相关研究主要涉及光伏扶贫项目的政策回顾、项目评价（如项目发电效率评价、项目风险评价、项目减贫效率评价等）、项目融资以及利益相关者相互博弈等方面，而很少关注光伏扶贫项目减贫的作用机制。此外，世界其他国家围绕利用光伏技术实现减贫的研究大多是观点论述或小规模案例研究。由于情境的复杂性和个案的特殊性，这样的研究往往在统计上缺乏有效性和可靠性，进而很难得出推广性较强的结论。本书与以往案例研究和基于二手数据的研究不同，采取问卷调查和深度访谈的方式，获取贫困人口在光伏扶贫项目实施下的大量一手生计数据，从农户微观视角，运用结构方程模型，验证了基于可持续生计视角的光伏扶贫项目减贫规律，讨论了模型中可能存在的中介变量；在此基础上，进一步采用准实验研究，通过概率分布比较、均值比较、独立样本检验、双重差分回归模型等方法分析了光伏扶贫项目实施前后农村家庭生计资本的变化情况，量化了我国光伏扶贫项目对贫困家庭改善生计的实际贡献，首次探索了光伏扶贫项目对贫困农户改善生计的作用机制。

4. 揭示了我国不同类型贫困家庭和不同认知程度农户光伏扶贫项目减贫差异的内在规律

国内外现有基于太阳能光伏技术用于减贫的研究较少，多以某一具体光伏扶贫项目为研究对象，且并未对贫困家庭进行分组分析。而本书的理论研究表明贫困家庭的个体特征（如收入、受教育程度、节能习惯、年龄等）以及贫困农户的认知能力（光伏发电认

知、PPAP 认知)对其生计资本、内生动力、生计策略、生计结果
等可持续生计要素有显著影响。因此,本书充分考虑农村贫困地区
经济发展水平、地域分布和光伏扶贫项目实施要求选择调研区域,
对研究样本分别按照不同类型贫困家庭特征(收入结构、节能习
惯、学历、年龄)和不同贫困家庭对太阳能光伏认知(光伏发电认
知、PPAP 认知)六个维度分组,运用结构方程模型的多组比较分
析技术,细致对比分析了我国不同类型贫困家庭和不同认知程度农
户在光伏扶贫项目减贫作用上的异同,以期为相关政府部门制定具
有针对性的政策提供依据。

第2章　文献综述与理论基础

　　贫困地区有着丰富的自然资源和日照充足的优势，在贫困地区积极推广光伏扶贫项目，是实现可再生能源与扶贫有效结合的新路子。光伏扶贫项目在我国政府的政策支持下蓬勃兴起，已受到社会各界的广泛关注，具有良好的发展势头。本章将围绕贫困测度、项目减贫评价、可持续生计、太阳能与扶贫、光伏扶贫项目等方面对现有文献展开研究综述。在此基础上，本章从扶贫减贫相关理论出发，分析可行能力理论、赋权理论、可持续发展理论和参与式发展理论对 PPAP 减贫的研究启示。

2.1　相关文献回顾及述评

　　本章的文献综述将从以下四个方面展开：（1）减贫相关的文献综述；（2）可持续生计的文献综述；（3）清洁能源与扶贫的文献综述；（4）光伏扶贫项目的文献综述。

2.1.1　减贫相关的文献综述

1. 贫困测度相关研究

　　贫困是指在思想或物质上的一种贫乏窘困的现象。贫困问题历来是人类社会面临的重大难题之一。在学术界，贫困测度问题仍是管理学与社会学研究的热点。如何对贫困进行准确合理的测定已经有大量学者在进行研究。长期以来，学者们大都以收入或消费水平作为贫困测度的单一指标，在此基础上开展贫困问题的相关研究。在 Rowntree[20] 提出的研究贫困问题的市场菜篮法中，他以恩格尔系数代表贫困线。刘溪[21] 采用恩格尔系数法对中国西安市的贫困线进行计算。Ravallion[22] 提出的"马丁法"是对生活最低消费进行测算的方法之一。之后，有学者以我国云南少数民族低收入地区农户为研究对象，采用马丁法对其最低生活标准展开测算，发现与国家规定的贫困线相比，该地贫困标准相对较高[23]。

随着人类社会的不断进步和经济的快速发展，越来越多的研究发现，贫困的内涵表现出多样化的新特点，单维度贫困测量方式（即仅仅将收入与消费作为贫困的测度指标的方式）已经不能满足当前人类快速发展之下的状态。因此，为了满足现实的需求应该对贫困进行多维度测定[24,25]。多维贫困的概念最初由 Sen[15,26-28] 提出，他认为人类贫困除了收入贫困之外，还包括各种客观生存条件方面的贫困，即饮水、能源、医疗、教育、住房等；此外，他还指出能力贫困、权利贫困以及人们享有主观福利感受的贫困等也是多维贫困测量的重点。随后，Alkire 和 Foster[29] 提出了多维贫困测度方法（A-F 法），又称为"双临界值法"，该方法需通过各指标的临界值判断对象在该维度上是否存在贫困，然后设立所有维度的临界值用于判别和度量个人被贫困剥夺的程度，以弥补过往研究成果的不足。随着多维贫困概念与测度方法的提出，越来越多的学者对多维贫困的测度展开了研究。Alkire 等[30] 以印度的扶贫计划为研究对象，采用多维贫困的测量方式，更为直观地展示了印度扶贫实践存在的问题。邹薇等[31] 着眼于能力贫困视角，基于 CHNS 数据探索了我国贫困家庭多维贫困的动态演化过程。孙鲁云等[32] 从自我发展能力剥夺的视角出发，采用 A-F 多维贫困测度方法，使用 2016 年微观调研数据，测算了新疆和田地区多维贫困状况。彭继权等[33] 基于家庭生命周期视角，采用 A-F 多维贫困测度方法对不同家庭生命周期阶段农户的多维贫困进行了测度和分解。

更具前瞻性的贫困测度研究聚焦于贫困脆弱性测度和多维返贫测度。祝建华[34]通过 CFPS 数据对城市居民家庭的贫困脆弱性进行测度并识别其影响因素，研究结果表明有近 50% 的城市居民家庭属于贫困脆弱性家庭，且需要政策的干预。李丽忍等[35]基于多维贫困脆弱性定义，利用 CHNS 数据库数据测算我国农村多维贫困，发现多维贫困脆弱性更多地依附于多维贫困的变化而变化。蒋南平等[36]基于改进的 A-F 多维贫困指数分析，提出了多维返贫识别及测算方法，并对农民工多维返贫进行测度，其结果表明返贫是目前农民工发生贫困的重要原因；在此基础上，他进一步提出了在返贫和脱贫不同方向上多维贫困分解的新思路[37]。

此外，也有学者从可持续生计视角出发开展贫困测度研究。杨帆等[38]从可持续生计视角，构建县域多维贫困测度指标体系，对四川藏区不同县域多维贫困状况开展跨时区测度与比较。杨晶等[39]利用 2016 年 CFPS 数据，基于可持续生计分析框架和个体相对剥夺视角，利用 Kakwani 指数测算失地农民个体收入不平等状况。

2. 项目减贫相关研究

关于扶贫项目减贫效果的研究，一些学者从静态评价角度对扶贫项目干预效果截至某一时点的效应进行评价。刘小珉[40]采用路径分析法，分析了扶贫工作满意度的影响因素及其实现机制的理论框架。然而，由于扶贫项目在时间上具有可持续性，单纯的静态评价难以客观体现项目干预效果的净效应。因此，有学者逐步由从单一的静态评估转向从动态角度对扶贫项目的干预效果进行评价。数据包络分析法被广泛运用于项目的效率评价，如农业生产效率[41]、技术和规模效率[42]等。焦克源等[43]采用时序主成分分析法，以一个综合变量来取代原有的全局变量，解释扶贫项目开发绩效随时间而变的原因。

扶贫项目的实施效果也受到诸多外界因素的影响，有学者从系统论的视角，在分析项目投入的基础上，综合考虑社会、环境、经济等外部系统对扶贫项目的实施效果及其影响进行分析与评价。郭猛超[44]将开发式扶贫项目的投入作为核心，分析区域反贫困模式，建立了基于中观视角的系统动力学(SD)模型，完善对开发式扶贫项目投入的评价机制。Rutherford 等[45]采用农民焦点小组问询、社区领导访谈和项目监测日记查阅等方法，基于纵向的准实验调查数据，对利比里亚农业价值链项目的影响进行了评价。有学者对反贫困干预效果评估中的外部因素进行了控制，以分离出项目干预的实际效果。Behrman 等[46]将实验干预随机分配到社区，对墨西哥一个大型农村反贫困项目的固定效应进行分析。Visser[47]等采用准实验设计的方法寻找与干预组具有相似背景的对照组，并分析两者之间的差异，对项目效果进行了后评估。Ravi[48]等采用外生变量估计法构建了三重差异估计，并以此分析了印度农村就业保障计划对农村家庭贫困的影响。

通过构建"反事实"进行政策效应评估是当前政策评价研究中的热点。在微观经济学中广泛使用"反事实"构建方法，如双重差分方法[49,50]、倾向得分匹配[51,52](Propensity Score Matching，PSM)等。Ching 等[53]利用面板数据截面的相关性构建了"反事实"，进行政策效应评估。但是，该方法得出的结论对假设非常敏感[54]。此外，在随机实验不可得的情况下，断点回归能够避免参数估计的内生性问题，从而真实反映出变量之间的因果关系[55]。然而，Heckman[56]认为，当存在未观测到的混杂因素时，倾向得分匹配不仅不能消除系统误差，反而会带来新的偏差。

3. 减贫相关研究评述

国内外关于贫困测度的研究文献正由单维贫困分析向多维贫困分析发展，且研究较为深入，测度方法呈多样化，内容主要涉及以恩格尔系数代表贫困线、马丁法、A-F 法、改进的 A-F 多维贫困指数、可持续生计分析框架等。现有文献对扶贫项目减贫效果的评价，主要围绕以收入、消费和资产作为评估标准开展的效果评价，相关评价方法从静态评价到动态评价发展，包括回归分析、准实验设计、路径分析法、数据包络分析(DEA)、构建"反事实"等。其中，双重差分方法(DID)和倾向得分匹配(PSM)是对扶贫项目效果评估的常见方法。

2.1.2 可持续生计的文献综述

1. 可持续生计的内涵

1987年，世界环境与发展委员会首次提出可持续生计的概念，即"使所有男人和妇女通过自由选择的生产性就业和工作，获得可靠和稳定的生计"。作为首个阐释可持续生计内涵的学者，Scoones[13]认为可持续生计可以被定义为："某一个生计由生活所需要的能力、有形和无形资产以及活动组成。该生计如果能够应对压力和冲击，在不过度消耗其自然资源时维持或改善其能力和资产，那么该生计具有持续性。"对可持续生计进行界定的还有英国国际发展计划署（DFID），即可持续生计是指能够应对压力，在压力下可以复原，并且在不破坏自然环境的情况下保持或强化其资产、能力、幸福感等的一种生计。此外，还有联合国开发计划署（UNDP）基于对发展的思考给出了可持续生计的定义，认为个体所拥有的能力、才干、技术、知识以及他们周边的环境可以使其激发潜能、运用能力并实现最终发展[57]。关于可持续生计的研究主要集中于可持续生计框架构建与应用的研究。从可持续生计框架构建方面来看，这一框架最先由Scoones[13]（1998年）提出。接着，Carney[58]也构建了可持续生计分析框架。随后，1999年，在Bebbington[59]提出的分析框架中，个体的资本与能力是分析核心，农民生计、脆弱性以及贫困问题也是分析的重点。然而，Ellis[14]在多角度生计分析框架中，将个体的资产和活动作为核心分析对象，并提出从多个维度理解贫困。此后，2000年，在可持续农村生计咨询委员会（IDS）以及相关机构前期研究的基础上，英国国际发展计划署（DFID）构建了可持续生计分析框架（Sustainable Livelihoods Approach，SLA）。该分析框架是迄今为止最具代表性且运用最为广泛的生计分析理论。SLA的核心部分有5个，即脆弱性背景、生计资本、结构和制度的转变、生计策略及生计结果。其

25

中，生计资本包括五类：自然资本、物质资本、金融资本、人力资本和社会资本。Joseph 等[60]的研究包含了"脆弱性""社会资本"以及"能力"等一系列术语，采用参与式分析方法对可持续生计受农户发展活动的影响进行了评估。2015 年，Biggs 等[61]将水、能源、食品和气候的概念与可持续生计框架资本相结合，以实现自然供给和人类需求之间的可持续平衡，构建了研究环境生计安全的概念框架（ELS）。

2. 可持续生计与贫困相关研究

可持续生计的核心内容包括脆弱性背景、生计资本、政策与机构支持、生计策略和生计结果等。本书将围绕上述几项核心内容展开相关研究综述。

在可持续生计分析框架中，自然环境（条件）、外部冲击以及发展趋势是影响农户生计活动的客观背景。对于农户来说，这样的背景往往表现出脆弱性，更容易受到外部风险的袭击，导致抵御能力不足[13,59]。我国不发达山区具有经济发展水平低和生态环境脆弱的双重特点[62]。陈传波[63]等基于可持续生计理论，构建了包含农户资源、社会福利、相关制度以及收入与消费在内的生计分析体系，并通过经验分析发现，贫困农户不仅面临多重危机且更易发生恶性贫困循环。于秀波等[64]研究表明农户生计的改善得益于国家的良好政策、建立伙伴关系、恰当的管理方式以及社区方面的努力（基层组织建设、积极参与）等。利用 SLA，Hesselberg[65]对贫困群体脆弱性和生计安全进行了分析。

资产是贫困户抵御生计冲击的关键，资产缺乏会加剧脆弱性。生计资本存量低下被认为是贫困产生的重要因素[66,67]。因此，生计资本存量的积累可以改善贫困人口生计状态，进而实现减贫目标。在 SLA 中，自然资本、人力资本、物质资本、金融资本和社会资本是总体生计资本存量的组成部分。具体来说，农户土地面积和土地质量等因素代表自然资本[13,68]，住房条件、生活性资产、生产性资产共同构成了农户的物质资本[69]，家庭收入、金融状况和渠道等因素代表金融资本[70]，社会关系、社会信任、正式或非正式的社会网络、对外的集体诉求以及参与决策的机会等因素则是农户社会资本的代表[67]，而农户的年龄、性别、教育水平、健康保障、劳动能力、家庭规模等因素代表人力资本[71]。Tacconi 等[72]分析了生态补偿对生计资本的影响。黎洁等[73]的研究表明，除自然资本存量外，相比农业户来说，兼业户所拥有的人力资本存量、物质资本存量、金融资本存量和社会资本存量表现更好。赵雪雁[74]对比分析了甘南高原农户的生计资本差异，发现不同地区差异显著，纯牧区金融资本相对短缺，纯农区自然资本表现不足，而半牧半农地区物质资本严重匮乏。尚海洋等[75]认为当地的政府补贴可提高农户的金融、物质以及人力资本存量，进而提升其总体生计资本存量，而且资金补偿和政策支持往往是提升农户资本存量的首选方式。

生计策略通常指农户的生计活动或农户用以谋生的具体办法，农户可选择的生计策略越多，越有助于改善其生计水平[14,76]。Narain[77]将印度失地贫困人口作为研究对象，发现其他的生计出路（例如出租房屋、做运输生意、开杂货铺以及在附近村庄烧砖等）同样可以改善生计。Soltani 等[78]的实证研究基于可持续生计分析框架，定量分析了居民的生计策略和生计选择，并指出可持续的生计策略类型。涂丽[79]以 SLA 为理论框架，基于中国劳动力动态调查数据（CLDS），将农户的生计策略划分为纯粹农业型、外出务工型、农工兼顾型和当地非农型四类，并分析了不同生计资本组合下的农户生计策略。可持续的生计是建立在可获得的各种资源的基础上的，研究者将生计策略分为资源导向型、劳动导向型、参与型、竞争型等多种类型[80]。

生计结果是基于生计目标所能实现的产出[80]。在可持续生计分析框架中，生计产出一般包括降低脆弱性、增加收入、提升福利水平、提高食物安全以及自然资源的可持续利用五个方面。其中，增加收入表现在农户的经济可持续性方面；提升福利水平不仅反映了农户的物质生计基础，还应注重农户精神表现和其他方面，即健康状况、教育情况、能力与权利、服务获取、自尊自信、情感感知等。提升食物安全则是降低脆弱性的具体体现。Oberlack 等[81]基于非洲、拉丁美洲、东南亚和东欧 21 个国家的 66 个案例，利用可持续生计分析框架就大规模土地收购对农户产生的不同生计结果进行了研究。

此外，学者们基于 SLA 对脆弱性背景、生计资本、生计策略和生计结果之间的关系进行了研究。万亚胜等[82]基于可持续生计模型，采用结构方程模型定量测度了脆弱性背景、生计资本、生计策略和生计结果之间的复杂影响机制。王富珍等[83]基于可持续生计视角界定了"脱贫稳定性"的具体概念，从自然、经济、能力和生活条件 4 个维度构建脱贫稳定性评价指标体系，揭示了脱贫稳定性的空间分布特征、影响因素及作用机理。

3. 可持续生计研究评述

现有研究对可持续生计方面的研究主要集中于可持续生计内涵、可持续生计框架构建以及可持续生计分析框架的应用。诸多学者基于可持续生计分析框架(SLA)对不同地区的贫困农户展开脆弱性背景、生计资本、生计策略以及生计产出的相关分析，也有学者采用结构方程模型探讨了上述各因素之间的相互影响机制。可持续生计分析框架侧重于从脆弱性背景的改善、提升贫困人口的自身能力、生计资本组合、生计策略的多样化以及实现贫困家庭的稳定可持续增收等方面予以论述。

2.1.3　清洁能源与扶贫的文献综述

1. 清洁能源与扶贫

在气候变化和贫困问题日趋加剧的背景下，将清洁能源与减贫联系起来的研究越来越受到学者们的关注。例如，Chirambo[84]指出，在撒哈拉以南非洲地区推进农村电气化并将能源与农业发展联系起来，有可能减轻贫困、促进性别平等、降低气候变化的脆弱性并增加经济多样化。清洁能源的使用可以使人们从收集柴火的繁重劳动中抽离出来，去做一些更有意义的事情，进而减少了贫困人口日常生活的苦差事[85]。Mainali 等[86]的研究探索了如何利用当地可获得的生活物质资源(牛粪和农业残留物)升级孟加拉国农村地区的能源和水服务。太平洋地区不同可再生技术投资在减轻风险效益和减轻贫困效益之间的潜在权衡也得到了探讨[87]。Asumadu-Sarkodie 等[88]审查了加纳能源部门的国家能源统计,以寻求结束贫困和改善福祉的办法。中美洲(包括巴拿马、尼加拉瓜和哥斯达黎加)农村地区社区可再生能源电力系统的长期运作和项目的可持续性也是重要的研究对象[89]。

现代能源的供应改善了人类的生活条件和生产力,而那些无法获得能源的贫困家庭是可再生能源的主要市场[90]。《联合国气候变化框架公约》和《气候公约》明确建议,应在气候讨论中强调贫困家庭[91]。Solveig 等[92]的研究表明中国实施的国家社会和经济改革方案,可能会为缓解气候变化做出重大贡献,同时可通过在农村地区提供更多的医疗服务、更好的教育和养老金来实现减贫。在发展中国家,Zhang 等[93]基于农村电气化和减贫等更广泛的农村发展计划,认为其可以促进电力项目的可持续发展。Terrapon-Pfaff 等[94]分析了发展中国家小规模可再生能源项目的影响和可持续性,并指出获得可持续和负担得起的能源服务是减少发展中国家贫困的一个关键因素。此外,韩国的低收入家庭对他们的光伏系统总体上表示满意[95]。由此可见,清洁能源在农村地区的广泛推广与减贫之间存在密切的联系,利用可再生能源来减轻贫困承载着人类的巨大期望。

2. 太阳能与扶贫

太阳能被认为是最具可再生和可持续发展的能源之一。世界各国对太阳能光伏在减贫中的应用进行了初步的探索。Bhattarai[96]在比较了尼泊尔沼气技术和太阳能家庭系统的补贴对农村贫困人口的受益程度后发现,贫困人口更容易获得太阳能补贴。在撒哈拉以南非洲地区,尽管有研究证明太阳能家庭系统确实可以缓解贫困、增加收入并节省开支[97],但是进一步的研究表明离网太阳能光伏系统在财政和经济上都是不可行的,因为这些技术得不到相应的补贴[98]。

29

类似的结果发生在喀麦隆，早期的案例研究认为该地偏远村庄的微水电和光伏混合发电系统是可行的[99]，但是 Mboumboue[100] 研究了可再生能源与贫困人口生计的关系，发现喀麦隆只有不到10%的农村家庭能够获得现代能源。相比之下，太阳能发电的商业模式在孟加拉国获得了前所未有的成功[101]，当地的光伏技术不仅改善了农村贫困人口的收入、健康和生活质量，还使得较为富裕的农村家庭实现电气化，进而保护他们的环境资源，包括土地、树木和动物[102]。此外，来自印度和塞内加尔的证据均证明了光伏可再生技术在农村发展和减贫中的可行性[103,104]。表 2-1 对来自不同国家的类似研究进行了总结。

表 2-1　国外类似研究对比

研究主题	作者/年份	研究方法	国家/地区
光伏技术帮助实现农村可持续发展	Biswas 等[102]（2004）	观点论述	孟加拉国
农村光伏电气化的使用	Sharif 等[101]（2013）	案例研究	孟加拉国
可持续小型光伏技术与扶贫	Meah 等[114]（2019）	案例研究	孟加拉国
偏远村庄的微型水电和光伏混合动力系统的可行性	Nfah 等[99]（2009）	系统仿真	喀麦隆
可再生能源对改善贫困农村家庭生活条件的贡献	Mboumboue 等[100]（2016）	案例研究	喀麦隆
可再生能源、扶贫和发展中国家	Thiam 等[103]（2011）	成本生命周期评价	塞内加尔
农村电气化和太阳能光伏家庭系统的可行性	Kamalapur 等[104]（2011）	案例研究	印度
离网太阳能光伏与农村电气化	Baurzhan 等[98]（2016）	计量经济学模型	撒哈拉以南非洲

续表

研究主题	作者/年份	研究方法	国家/地区
评估太阳能家庭系统在减贫中的作用	Hakiri 等[97]（2016）	案例研究	撒哈拉以南非洲
可再生能源补贴	Bhattarai 等[96]（2018）	描述性统计分析	尼泊尔
太阳能光伏系统对低收入家庭的好处	Lee 等[95]（2020）	焦点小组访谈	韩国

资料来源：作者根据国外相关研究归纳总结得出。

在国内，光伏扶贫项目是我国第一个把气候变化、环境发展与扶贫结合起来的政策，旨在通过光伏发电为农村贫困人口提供一条新的经济收入增长路径，同时促进农村地区的低碳发展[105]。尽管我国光伏扶贫项目获得了巨大的政治关注，但是相关的研究仍处于摸索初期，具体可归纳为以下四类。

一是政策回顾。诸多学者对 PPAP 的建设模式[106]、政策梳理[107]、发展现状[108]、未来展望[109]等方面进行了论述。此外，PPAP 所面临的挑战与限制[9]也是研究的重点，主要包括补贴延迟、人口密度稀疏、经济活动低、基础设施不足、缺乏监督机制等[7,110]。例如，Li 等[9]认为 PPAP 是综合能源政策创新的一部分，它利用光伏发电的补贴和收入来减轻农村地区的贫困，并指出补贴延迟、基础设施不足、光伏设备质量不高、利润分配机制不灵活等障碍可能会降低光伏运营收入和增加光伏部署成本。Huo 等[109]从扶贫类型、商业模式、项目规模等方面介绍了 PPAP 的现状，并指出各部门应加强对农村光伏发电的重视。Geall 等[110]通过对 PPAP 政策文件的话语分析，以青藏高原上青海省偏远且以游牧为主的贵南县 PPAP 为例，指出实施 PPAP 的限制，即 PPAP 缺乏对地方官员和非国家行为者适当的激励机制和对"自上而下"的政策执行过程的独立监督。钟银燕[111]的研究在整理了各类光伏扶贫项目创新模式的基础上，提炼出"可复制"的光伏扶贫项目发展经典模式。

刘渊[112]和洪博文等[113-114]分析了 4 种光伏扶贫模式的建设方案及收益分配模式。

二是项目评价。PPAP 发电效率评价研究显示存在明显的地域性差异[115]，项目绩效评价则显示其性能效率普遍较低[116]；项目风险评估结果显示"融资难""责任和义务划分不清""操作经验不足""材料供应和安装缺陷"是最需要解决的风险因素，且 PPAP 的总体风险水平较高，尤其是在技术方面[117]。此外，类似的研究对 PPAP 的经济性[5]和并网条件[8]也进行了评价。Wu 等[116]的研究表明由于生产规模不合理，我国 PPAP 的性能效率普遍较低，大多数项目存在劳动力投入过多的问题，选址不当也是造成效率低下的原因之一。光伏扶贫项目的经济性受到资源条件、设备成本、上网电价等诸多因素的影响，不同时期、不同地区的经济指标差异较大[5]。童光毅等[118]对我国四种光伏扶贫项目模式进行了系统的梳理，并构建了光伏扶贫项目效益提升机制总体架构。魏晓波[119]认为光伏扶贫项目的经济属性、高可操作性以及节能减排功能决定其在扶贫工作中将大有可为，应多措并举降低产业化成本，推动光伏发电系统全面开发建设，形成多元化的光伏利用市场。

三是项目融资。Zhang 等[120]通过动态博弈模型分析确定了 PPAP 的三种不同的金融模式选项，分别是政府出资模式、扶贫资金加贫困家庭贷款模式、扶贫资金加光伏企业投资模式。其研究结果表明，第三种财政资金效益和减贫幅度均高于其他两种方式，突出了光伏企业投资的重要性。Li 等[121]的研究讨论了光伏扶贫项目第三方融资的社会声誉效益，结果显示参与 PPAP 将提升第三方投资者的社会声誉，并带来潜在的利润。

四是利益相关者之间的进化博弈。Xu 等[122]构建了一个政府、企业和家庭三方演化博弈模型，指出政府监控和家庭、企业的积极参与是实现三赢的关键。类似地，Shan 等[123]的研究同样构建了一个三方进化博弈模型来模拟分析光伏企业、贫困户和政府的行为策略及其影响因素，其研究结果表明，光伏企业的主动支持、贫困家庭的参与和对政府的监管是较为合适的选择。

3. 清洁能源用于扶贫的研究评述

目前有关将清洁能源用于扶贫的研究越来越受到学者们的关注。现代能源的供应改善了人类的生活条件和生产方式，可再生能源为获得能源相对困难的贫困家庭提供了能源使用的新途径。PPAP 在农村地区的使用有利于解决贫困家庭的能源贫困和经济贫困所造成的双重贫困。现有关于 PPAP 的研究多以政策回顾、项目评价、项目融资以及利益相关者之间的进化博弈为主题，其中项目评价方面主要包括项目风险评价、项目运行绩效评价、项目发电效率评价以及项目经济性和可行性评价。从研究方法来看，世界其他国家围绕利用太阳能光伏技术实现减贫的研究大多是观点论述或小规模案例研究。由于情境的复杂性和个案的特殊性，这样的研究往往在统计上缺乏有效性和可靠性，进而很难得出推广性较强的结论。

2.1.4 光伏扶贫项目的文献综述

气候变化对贫困人口和扶贫工作产生了明显影响。农村的脱贫发展需要能源的支持，而能源的发展又不能破坏环境。根据《中华人民共和国可再生能源法》，可再生能源指风能、太阳能、水能、生物质能、地热能、海洋能等非化石能源[124]。因此，太阳能是可再生能源，太阳能光伏扶贫项目是低碳可持续的农村新能源发展道路的一种尝试。目前普遍认为实施 PPAP 是适合贫困家庭增收的好项目。一是光伏发电技术已成熟且不断提高；二是光伏发电成本越来越低，光电转换率和投资回报率越来越高；三是光伏项目属于国家鼓励发展的可再生能源产业；四是光伏项目操作简单，无须过多的人力投入；五是其使用寿命至少 25 年以上，一次投资，长期受益[125]。光伏扶贫项目的减贫特点主要体现在其长效性上，即相对于其他减贫项目具有长期效益，以绩效为战略导向。此外，环境效益是其减贫机制发展的另一个核心，能源配置效应、参与式发展、收益预期保障是 PPAP 长效减贫机制的关键。这些特征使 PPAP 成为促进长效减贫的重要方式。PPAP 是我国产业扶贫和资产收益扶贫的创新形式,其核心特征包括:长效性导向、环境效应、能源配置效应、参与式发展效应以及收益预期保障。

1. 光伏扶贫项目的长效性导向

2016 年,国家发展改革委、国务院扶贫办、国家能源局等部门联合发布《关于实施光伏发电扶贫工作的意见》(发改能源〔2016〕621 号),规定"在 2020 年之前,重点在前期开展试点的、光照条件较好的 16 个省的 471 个县约 3.5 万个建档立卡贫困村,以整村推进的方式,保障 200 万建档立卡无劳动能力贫困户(包括残疾人)每年每户增加收入 3000 元以上"。PPAP 不仅为贫困者提供货币援助,其最终目标是为贫困家庭提供创造收入的能力,以改变贫困人口的生计,反映了 PPAP 的长效性导向。

学者们对光伏扶贫项目的长效减贫效应进行了初步探讨。Hakiri 等[97]认为,由于使用了太阳能照明,室内空气质量有所改善,并且这些家庭的孩子可以通过增加晚上的学习时间而受益。连接电网的小型光伏系统,一方面可以通过出售剩余的电力,为低收入、没有土地的农村家庭创造可观的收入[4,102],另一方面为农村地区提供就业和教育的机会[114]。Wang 等[4]采用数据包络分析等方法分析了中国农村不同精准扶贫项目(包括光伏扶贫项目在内)的减贫效果,认为我国实施的精准扶贫项目的整体效率较高,且 PPAP 的减贫投资确实有效。Li 等[126]以中国 52 个乡村的 PPAP 为研究对象,分别采用主成分分析(PCA)、数据包络分析(DEA)和灰色关联分析(GRA)等方法对中国太阳能光伏扶贫项目的减贫绩效进行测度。研究发现,PPAP 对扶贫工作有积极贡献,但与其他精准扶贫项目相比较,其资金投资绩效表现不佳。有学者对实施光伏扶贫项目地区的贫困程度进行评估,发现各地区贫困率差异较大,且金融和社会生产是造成贫困的最大因素,其次是收入和社会保障因素[127]。

PPAP 的长效性导向主要表现在其一次性投资,长期受益,可保证贫困家庭持续 25 年以上增加收入。PPAP 的长效性使其相较于其他扶贫项目更有利于减贫。PPAP 的实施是一个慎重的过程，只有在符合 PPAP 建设条件时，才能实现可持续减贫目标。优质的基础设施在促进经济增长和减少贫困方面发挥着关键作用。PPAP 的长期绩效导向与精准扶贫的长效机制具有内在的契合性。PPAP 与基于资产收益分配机制结合起来，确保贫困户从中受益。

2. 光伏扶贫项目的环境效应

随着化石能源消费的增加和生态环境的变化，以清洁高效的发电满足社会和经济发展的能源需求具有重要的研究意义[115]。光伏扶贫项目是通过使用新能源发电消除贫困的新尝试，旨在实现低碳减排和减贫发展双丰收。光伏发电清洁环保、技术可靠、收益稳定，农村贫困地区既适合建设户用和村级小电站，也适合建设较大规模的集中式电站；在光照资源条件较好的地区因地制宜开展光伏扶贫，既符合精准扶贫、精准脱贫战略，又符合国家清洁低碳能源发展战略[128]。

光伏发电系统的环境效益是指光伏发电的减排环境效益扣除系统发电环境成本的余额[129]。孙英云等[130]对青海省格尔木地区龙源光伏电站实测功率数据进行了分析，给出了基于曲线波动特征的光伏功率曲线分类算法，该算法根据曲线波动情况将光伏发电曲线分为四类，分别对应晴天、阴天、少云和多云气象条件，并给出了各类气象条件下光伏发电功率的统计量。在此基础上，进一步给出了考虑备用影响的光伏发电碳减排量计算模型和计算方法，该模型和方法可根据电站位置、容量、历史气象数据快速计算光伏电站的碳减排量。从广义上说，环境成本就是企业为避免"污染经济损失"或者为了等值补偿污染物造成的"污染经济损失"所付出的代价[131]。周少祥等[132]在统一化能源利用评价体系的架构下，对能源利用的环境影响评价指标的统一化问题进行了深入的分析研究，初步建立了能源利用的绩效性指标体系，可用于能源利用的环境影响或环境效益的定量分析。

与化石能源相比，太阳能光伏发电项目即便是在低太阳辐射的区域也具有相对较低的环境影响[133]。有研究表明，在城市环境中使用并网的光伏模块在其使用生命周期中并不会产生任何的污染问题[134]。然而，气候的变化与太阳能辐射量是影响光伏发电系统可持续能源生产的关键因素[135]，而太阳能辐射数据受地理位置(如经纬度、海拔)、水平面年辐射量、倾斜面年辐射量等诸多参数的影响，因此，不同地区的太阳能辐射量存在很大差异[136]。根据国家气象局提供的相关数据，国家发展改革委员会2013年出台了《关于发挥价格杠杆作用促进光伏产业健康发展的通知》。该通知指出，根据年等效利用小时数将全国划分为三类太阳能资源区，年等效利用小时数大于1600小时为一类资源区(Type Ⅰ)，年等效利用小时数在1400~1600小时之间为二类资源区(Type Ⅱ)，年等效利用小时数在1200~1400小时之间为三类资源区(Type Ⅲ)，并实行不同的标杆上网电价。光伏扶贫项目同样遵循这一规定。

3. 光伏扶贫项目的能源配置效应

中国一直是世界上最大的能源消费国，占全球能源消耗的23.2%。农村能源已经成为减缓碳排放增长的关键决定因素[137]。由于能源消费和其发展方式的不合理而引发的能源污染是造成农村生态环境污染加剧的重要原因，同时也是影响农村经济发展和居民生活水平的重要因素。中国农村能源消费结构已经从传统能量(如柴火、秸秆等农业废弃物，人类和动物废弃物)向大宗商品市场购买的商品能源(包括煤炭、石油、电力、天然气)等转换。目前，越来越多的农村家庭开始注重清洁能源的使用，如电能、太阳能、天然气等。在经济发达的农村地区，越来越多的家庭使用天然气或液化石油气。现代能源的供应不仅有助于提高人类生活水平和生产力，而且还有助于改善社会福利(如教育和妇女赋权)[103]。因此，农村贫困地区的能源使用从传统能源向绿色能源转型，可以提高农村居民的能源选择和配置。

光伏扶贫项目是一项新生事物，近年来发展迅猛、方兴未艾。目前，虽然PPAP被认为是一种新能源扶贫和减少环境污染的手段，但家庭PPAP的使用是否会影响其亲环境行为以及能源分配行为的相关研究仍处于探索期。Huang 等[138]基于中国农村光伏扶贫地区 1251 个农户的调查数据，采用二元 logit 回归分析方法，探讨了农村家庭光伏认知(生态价值观、行为控制感知和社会因素)对农户能源利用行为的影响。其结果表明，农村人口的生活技能或扫盲培训的提升有利于促进太阳能光伏项目的使用；民主参与和电力供应稳定也可以促进清洁能源的使用，进而减少传统化石燃料的使用；尽管农村家庭光伏发电的生态价值观和行为控制感知对太阳能利用没有显著影响，但对农村贫困家庭的节能习惯有显著的正向影响。

4. 光伏扶贫项目的参与式发展效应

扶贫项目长期效益的发挥取决于项目的可持续性，而项目的可持续性在很大程度上受到项目管理过程中项目关系人参与行为的影响[139]。PPAP 强调农户的积极参与。对于户用型 PPAP 而言，主要指在农户自家屋顶或院落内建设小型光伏发电系统，"自发自用、多余上网"。通过户用分布式太阳能发电，每户贫困户都将拥有一个微型太阳能电站。在该模式中，农户均作为参与主体参与项目的建设、运营和维护等过程。对于村级 PPAP 和集中式 PPAP 来说，相关政策均鼓励有劳动能力的光伏扶贫受益家庭积极参与到 PPAP 的日常管护中，例如设立 PPAP 公益岗位等。

目前，对于 PPAP 的参与式发展效应的研究尚未展开。但是，关于扶贫项目实施过程中的参与行为对项目绩效和项目可持续性的影响，国内外学者进行了探索性的研究。Wallenborn[140]分析了技能培训与开发对扶贫项目的作用，指出通过向目标群体提供适当的培训计划，扶贫项目收到了实效。有学者认为，农村参与式方法已经得到普遍认同，但"参与"有许多不同的方式，不是所有的"参与"都有利于可持续发展[141]。Pagliarino 等[142]着重介绍了多方参与者在意大利水稻生产的农业生态学试验中，基于共同学习和共同责任的参与式过程，有助于理解参与性研究在可持续农业中的作用。Bruges 等[143]探讨了将科学研究转移给农民的参与式方法的采用和应用，并指出采用参与性方法和使用其来促进公共政策目标之间存在着一种固有的创造性张力。Adrianto 等[144]以日本鹿儿岛渔业项目为例，采用多重标准的参与式方法，构建了由当地项目受益人参与的渔业项目可持续性指标体系。Vishnuda 等[145]从自然资源、技术、机构和经济 4 个方面对印度喀拉拉邦两个参与式小流域开发项目的可持续性进行了分析，结果表明，经济的可持续性是这些项目可持续性最薄弱的环节。郭君平[146]等利用有序 logit 模型和负二项回归模型，从消费和收入流动性双重视角进行实证分析，检验参与式社区综合治理对农户贫困动态变化的边际影响及其内在机理。研究发现，参与式社区综合治理具有显著的动态减贫效应。

5. 光伏扶贫项目的收益预期保障

光伏扶贫项目属于产业扶贫的一种，也是资产收益扶贫的一种。所以，其收益分配和收益预期是该项目能否实现减贫目标的关键。资产收益扶贫所涉的资产可具体细分为财政专项资金、其他涉农资金所形成的资产，部分省份还包括其他类型资产[147]。管理好资产扶贫资金对于提高扶贫项目质量和可持续性发展意义重大。其中，前提是厘清资金的来源，关键是明确资产产权，重点是提升管理的质量，核心则是优化收益分配[147]。

有学者对 PPAP 收益保障方面的相关内容进行了研究。刘渊[112]介绍了山西省 PPAP 的收益分配方式，即分布式光伏扶贫项目的产权和收益归村集体所有，项目收益的 70%用于直接帮扶建档立卡贫困户，重点支持无劳动能力深度贫困人口，每户每年按贫困程度平均补贴 3000 元，用于电站运营维护、项目管理、村集体公益费用等开支不超过 30%。如果集中式地面光伏扶贫电站由县扶贫开发公司 100%投资建设，则收益分配模式参照分布式光伏电站分配模式；如果集中式地面光伏扶贫电站由县扶贫开发公司和社会企业共同出资建设，则每年扣除运维费及土地租赁费后，按照股权比例，县扶贫开发公司只提取自己股权应得的收益部分进行扶贫。此外，光伏扶贫电站项目收益的盈余资金还可用于以下方面：一是婴幼儿扶助项目；二是 80 岁以上的老年人生活补助；三是因病致贫、因学致贫的贫困户；四是农村贫困学生助学工程[112]。施海波等[147]通过对安徽、四川两省的光伏扶贫项目、特色农业和旅游扶贫的实地调研发现，产业扶贫资金来源和投入方式差异明显，使用过程缺乏精准管理，管理监督存在失位，产权界定依据相对缺乏，资产收益分配模式多样。

6. 光伏扶贫项目的研究述评

光伏扶贫项目是新能源发展与扶贫结合起来的政策，旨在通过光伏发电为农村贫困人口提供减贫的新尝试，其不仅促进了贫困地区的能源发展，同时改善了贫困人口的经济发展路径。因此，PPAP 最显著的特征就在于其同时兼有减贫效应和环境效应双重效应。与其他减贫项目相比，PPAP 的长效减贫显而易见。PPAP 一次性建设、长期受益的特征受到国家的青睐。国内外就 PPAP 的长效性导向、环境效应、能源配置效应、参与式发展效应以及收益预期保障等特征均开展了不同程度的研究。

2.1.5 文献评述

对现有关于贫困测度、扶贫项目评价、可持续生计、清洁能源与扶贫、光伏扶贫项目等方面的代表性文献进行分析后发现：（1）国内外关于贫困测度的文献正由单维贫困分析向多维贫困分析发展，且研究较为深入，测度方法呈多样化。对扶贫项目评价的研究主要以收入、消费和资产等作为评估标准，相关评价方法从静态评价向动态评价发展，其中双重差分方法（DID）和倾向得分匹配（PSM）是扶贫项目效果评估的常见方法。（2）对可持续生计方面的研究主要集中于可持续生计内涵、可持续生计框架构建以及可持续生计分析框架的应用。诸多学者基于可持续生计分析框架（SLA）对不同地区的贫困人口展开了脆弱性背景、生计资本、生计策略以及生计结果等方面的相关分析。可以明显看出，基于可持续生计的相关研究已经相对成熟，涵盖范围较广。（3）世界其他国家围绕利用太阳能光伏技术实现减贫的研究大多是观点论述或小规模案例研究。由于情境的复杂性和个案的特殊性，这样的研究往往在统计上缺乏有效性和可靠性，进而很难得出推广性较强的结论。国内的相关研究则多以政策回顾、光伏扶贫项目评价、项目融资以及利益相关者之间的进化博弈为研究主题展开，其中项目评价方面主要涉及项目风险评价、项目运行绩效评价、项目发电效率评价以及项目经济性和可行性评价。（4）PPAP 最显著的特点在于其同时兼有长效导向和环境效应的双重效应。能源配置效应、参与式发展效应也是 PPAP 的减贫特征，而收益预期保障则是 PPAP 减贫的关键。

综上所述，目前关于贫困测度、扶贫项目绩效评价和可持续生计方面的研究较为成熟，但有关太阳能与扶贫、光伏扶贫项目减贫方面的研究还处于摸索期，且多为定性研究。因此，进一步的研究需要较为深入的理论构建和大规模的实证检验来探索 PPAP 在改善贫困家庭生计方面所做出的贡献，具体来说包括以下 3 个方面：

（1）适用于光伏扶贫项目减贫特征的可持续生计分析理论模型有待进一步完善。经典可持续生计分析框架基于"完全信息"和"完全理性"决策的假设，低估了外部宏观环境冲击和生计资本缺乏对个体信息获取和信息甄别的影响，忽视了由个体生计资本存量差异所产生的个体内源性认知差异。因此，无法解释由个体主观因素所产生的贫困问题，即贫困人口减贫的内生性问题。光伏扶贫项目具有自身发展特征，强调长效减贫和贫困人口内生发展动力，即为贫困家庭提供创造收入的能力。然而，现有文献尚未发现针对光伏扶贫项目减贫特征的可持续生计分析理论研究。

（2）基于可持续生计视角的光伏扶贫项目减贫机制有待进一步研究。尽管经典可持续生计分析框架在解释个体主观因素产生的贫困问题上存在短板，但其对贫困的研究从客观环境到个体的生计资产、再到生计策略和生计输出均有较为全面的测度，是诠释光伏扶贫项目减贫机制的全新角度，对中国光伏扶贫项目的减贫实践具有重要的指导意义。但是目前有关光伏扶贫项目减贫问题研究还处于起步阶段，相关定量研究文献较少，很少有学者运用可持续生计理论对光伏扶贫项目的减贫机制进行系统的实证研究。

（3）尚未开展基于可持续生计视角的光伏扶贫项目减贫效果评价研究。国内外已有研究开始关注光伏扶贫项目的减贫效果，主要涉及项目投资效率、项目绩效等。考虑到光伏扶贫项目不同于其他扶贫形式，其实施过程需要太阳能和土地等，因此采用包括自然资本在内的五大生计资本作为贫困代理指标开展光伏扶贫项目减贫效果评价研究是更为合适的选择，但目前很少有研究基于可持续生计视角探讨光伏扶贫项目的实际减贫效果。

2.2 相关理论基础

2.2.1 可行能力理论

早在 20 世纪 70 年代，阿马蒂亚·森就提出了用于解释经济不平等和福利经济学问题的可行能力分析视角[15,28]。该理念将可行能力融入到分析人类发展的过程之中，认为人类的发展即实现个人可行能力最大程度的满足，而可行能力的增长就是人类对自由的拓展。可行能力理论自提出之后广受学者们的关注，并产生了极大的反响。越来越多的学者们意识到该理念中所包含的重要意义，并从可行能力理论研究视角出发分析经济社会问题。

可行能力理论将个体的"可行能力"定义为"个体可以实现的各类可能的功能性活动的组合"，即一个人所拥有的可以享受自身有理由被珍视的生活的自由实质。其中，功能性活动是指个体认为值得去做的各式各样的事情或状态。这种功能性活动除具体包括营养、健康、避免疾病等基础性功能外，也包括个体的社会关系、自尊、受人尊敬等复杂功能。基于此，可行能力理论还提出了包括吃、住、行、就业、受教育、社会参与等一系列功能性活动清单[148]。

对于传统福利经济学来说，国民生产总值、收入或效用、技术进步等是衡量福利的重要标准，但是该标准忽视了人的差异和人的自由选择问题。可行能力理论恰好弥补了这一局限，提出以个体自

41

由和能力来衡量福利的全新发展视角。可行能力观念具体表现为以下三个方面：一是不是所有的人都在追求物质最大化，人的某些偏好很可能被忽略，并且个人在做出某一决定时可能存在缺乏信息和选择机会的情况。二是个体差异（如个体特征和社会环境条件等）会产生福利差异（个人的功能性选择）。三是个体对自由的选择也会对福利产生巨大影响，即个人有选择的权利以及自由的活动会直接影响其福利。因此，可行能力发展观念最突出的特征就在于以"以人为本"为宗旨，以能力和自由为衡量的标准[149]。其中，自由是以人为中心来进行发展的最高标准，而能力也是一种自由，即可以获得的有价值的生活的自由。所以，贫困不仅包括贫困者的低下收入，更包含其被剥夺的能力。

可行能力视角认为，个体所拥有的可行能力既是其发展目标，也是个体自我价值实现的前提条件与方法手段。它的深刻内涵在于个体享有的机会以及其选择机会的过程。所以，可行能力可使个体实现物理理性与价值理性两个方面相互结合，进而超越了传统的发展观念。因此，可行能力理论可以作为激活贫困者内生发展动力的基本理论。可行能力理论中个人能力与外部环境转化框架如图 2-1 所示。

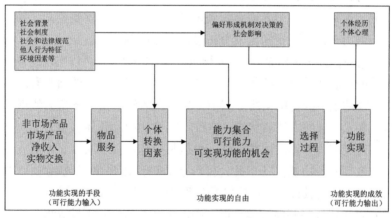

资料来源：Robeyns[150]对可行能力理论的转换框架构建。

图 2-1　可行能力理论个人能力与外部环境转换框架

随着我国扶贫政策的进一步深入和脱贫攻坚的胜利完成，个体异质性以及激发贫困人口的内生性发展能力逐渐成为减贫与防返贫的关键性因素。PPAP 的长效性导向不仅指为贫困者提供资金援助，其最终目标是激发贫困人口的内生动力，为贫困家庭提供创造收入的能力。然而，这一问题是当前外部性扶贫模式难以解决的内生性困境，也是实现乡村振兴战略的主要制约因素。可行能力理论具有广泛的适用性，在评价影响因素方面具有独特的关注度，善于从个体能力空间着手评价其福利水平，克服了简单地基于收入视角测量福利效果的传统福利理论的缺陷，并为与贫困相关的测量与评价开辟了独特的研究视野。目前的反贫困研究已不单单基于物质概念，越来越多的研究从人的本质出发探索贫困成因。在此基础上，国际反贫困政策的制定促进了反贫困范式的转变。可行能力理论以个体的能力来衡量个人福利，将能力的相关概念引入贫困相关的研究范畴之中，并指明可行能力体系不仅将规范与经验有机结合，而且是与发展实践和发展政策密切关联的体系。可行能力理论将扶贫减贫相关研究从收入不足和物质匮乏延伸到贫困主体的可行能力这一核心命题之中，进而促进贫困问题的进一步深化。因此，可行能力理论为光伏扶贫项目减贫研究提供了一个崭新的理论视角。

2.2.2 赋权理论

赋权（Empowerment），又被称作"增权"，指人们有能力自己支配自己。具体来说，赋权指一个个体或者一个组织挖掘自身内部潜能或吸收外部能量的过程，它作为一种重要的方式可促进社会发展[151]。在反贫困研究中，它不仅代表减贫的目的，还被看做减贫路径。赋权是使外部因素（如资源、教育、制度）和内部因素（如自我意识、努力等）带给贫困者力量的一个过程；其不仅是促使个体获益的一项技术，更是个体实现社会目标的理论方法。

赋权理论（Empowerment Theory）由 Solomon 于 20 世纪 70 年代最早提出。该理论认为个体或群体所拥有的权利不是一成不变的，努力是使其从没有权利或者丧失权利中获得增权的一种途径。在赋权理论中，权能是核心概念，它不仅能使自己支配自己的生活空间，并使个体获得发展动力和更多的选择机会，还可使周围环境向自己利好的方向改变。由此可以推断，赋权能够激活贫困者的内部潜能，使其从精神贫困的"等靠要"思维中解脱出来，进而激发其通过劳动进行自救、自立、自强，并获得摆脱贫困的能力[152]。此外，赋权还被认为是一种反贫困路径，这最早可被追溯到 1976 年，即一部由 Barbara Bryant Solomon 撰写的针对美国黑人群体的研究专著 *Black Empowerment：Social Work in Oppressed Communities*（《黑人增权：被压迫社区的社会工作》）提出了该理论。自 20 世纪 90 年代以来，赋权理论强调减贫路径，并指出贫困者同样具有多种能力和潜力。贫困主体所拥有的资源和能力不仅可以支配其获得更好的生活，还可使其在社会关系中谋求额外的权利。这种社会关系可以促进贫困人群提升自尊、自信、健康、安全以及社会权利，同时激发其潜在优势。因此，贫困者增权的现实意义在于，其一，消除贫困者的负面意识和消极情绪，使其发现自身长处并以此激发其解决问题的能力；其二，消除自身发展过程中的障碍，并实施对贫困者利好的相关政策和措施，进而实现增权目标。

本书认为，赋权理论对光伏扶贫项目减贫的重要启示在于以下三个方面：一是赋权强调激发贫困人口自身的内部发展动力，注重其拥有的能力和权利，增强贫困者解决问题的积极性与主动性。二是强调自己支配自己的能力、做出选择的机会以及进一步的行为动力，促进贫困者由被动接受扶贫变为主动寻求出路，进而推动其生存能力的提升。三是强调外部资源和能量的不断获取，重视外力推动效应，使其通过外部环境、政策、措施激活内部发展动力，将减贫主客体有机结合以达到可持续减贫的目标。这与光伏扶贫项目的长效性减贫思维不谋而合，为光伏扶贫项目的减贫机制研究提供了理论基础。

2.2.3 可持续发展理论

可持续发展理论（Sustainable Development Theory）指发展既要满

足当代人的需要，又不会对后代人满足其需要的能力构成危害。可持续发展理论的原则是公平性、持续性和共同性。该理论经历了相当长的发展历程。近几十年以来，我国经济飞快发展，环境掠夺速度不断加快，气候变化、环境污染、生态破坏等问题尤为凸显。在此背景下，环境的重要性被人们日益意识到，可持续发展备受关注并被提上议事日程。在中国，直到 20 世纪 90 年代可持续发展理论才得到国人的认可。世界上可持续发展公认的定义是 1987 年布兰特夫人提出的，即可持续发展是指"既满足当代人的需要，又不损害后代人满足需要的能力的发展"[153]。

基于上述概念，越来越多的研究将可持续发展拓展至社会研究、经济研究以及政治研究等多个领域中。在区域经济研究中，区域可持续发展涉及经济、政治、环境、社会、文化、生态等诸多方面，而且，实现可持续发展目标尤其需要环境保护、社会发展与经济发展的有机结合。尽管最初的可持续发展观念源自环境保护与生态研究相关问题，然而在后续的进一步发展中这一理论包含的发展问题绝不仅仅只有环境问题，它将社会经济问题与生态环境问题相互结合起来，并作为一个与社会经济发展相关的战略部署来看待[154]。作为当今社会与经济发展过程中最主要的理论之一，可持续发展理论已经深入人心并且被不断丰富延展。在与经济社会发展相关的绝大多数项目中，人们往往会优先考虑可持续生态发展以及可持续环境发展，以避免因盲目开发所造成的环境破坏问题。

PPAP 旨在通过使用新能源发电消除贫困，具有发电收入稳定、有效推进新能源发展、促进节能减排等优势。这一创新扶贫举措把气候变化、低碳发展与扶贫有机结合起来，促进农村地区的可持续发展。PPAP 从农村地区环境、经济、社会、生计等多个角度考虑减贫问题，与可持续发展理论环环相扣。PPAP 正是基于可持续发展理论，坚持扶贫政策的连续性，以巩固提升可持续脱贫效果，实现脱贫后的可持续发展。因此，可持续发展理论为 PPAP 减贫研究提供了相应的理论基础，光伏扶贫项目减贫机制研究应从农村地区环境、经济、社会、生计等多个角度出发。

2.2.4 参与式发展理论

任何经济发展都离不开人的发展，发展的核心就是人及其所处的环境。然而，最初的发展理论将经济的发展和增长作为发展的唯一目标，从而忽略了人本身的发展。早期缓解贫困的主要方式具有计划经济的特点，一味实施政府主导基本决策，这样的决策系统将作为扶贫主体的贫困人口排除在决策体系之外，从而使其处于被动接受的环境之中。因此，这种扶贫发展方式很难激发贫困人群的积极性与主动性。自 20 世纪 70 年代，世界银行和亚洲开发银行等国际组织普遍认为，产生贫困的主要原因在于贫困人口被置于广泛的社会参与和直接的发展活动之外。

参与式发展理论是在以往扶贫发展理论上的进一步突破，它以微观个体为研究对象来研究经济发展问题，这一理论的研究主体即为经济发展的参与主体[155]。参与式发展理论指出，合理的赋权、平台以及尊重弱者是不可或缺的，加之外部的社会合作才能实现发展的目标，但是在发展过程中最为重要的则是项目参与主体的亲自参与行为[156,157]。有研究表明，参与式发展理论将"以人为本"作为核心，优先考虑弱势群体利益，以项目参与主体的个人能力为出发点，进而开展与其相适应的项目[158]。与传统方式相比，参与式发展理论强调在达到其相应发展目标的基础上，更加关注弱势或贫困群体的利益和需求，是解释经济可持续发展问题的重要理论基础。

参与式发展理论对我国光伏扶贫项目减贫研究的重要启示在于，光伏扶贫项目的方案制定应将贫困主体的参与行为包括进来，例如政策制定阶段、光伏电站建设阶段、技术采纳阶段、后期运维阶段等。光伏扶贫项目的实质为在为贫困者提供资金援助的同时，为贫困家庭提供创造收入的能力并激发贫困人口的内生发展动力。因此，我国现行的甚至以后的扶贫开发策略均离不开贫困人口的广泛参与。本书认为，在研究光伏扶贫项目减贫以及分析制定我国光电扶贫发展规划中，应将参与式发展理论考虑在内，以激发贫困者的内源性减贫行为。

2.3 本章小结

本章主要对光伏扶贫项目减贫机制研究的相关文献进行述评，分别从减贫相关研究、可持续生计研究、太阳能等清洁能源与扶贫相关研究、光伏扶贫项目相关研究入手进行文献综述。此外，本书对已有研究发展趋势进行了梳理，并对已有研究进行了评析。然后，基于可行能力理论、赋权理论、可持续发展理论和参与式发展理论对光伏扶贫项目减贫机制的理论基础进行了分析，并进一步探讨了各相关理论对光伏扶贫项目减贫的启示。

第3章　基于可持续生计的光伏扶贫 项目减贫机制的理论模型

▤ 3.1　基于内生动力的可持续生计理论拓展

在上述对光伏扶贫项目减贫文献进行综述以及对减贫相关理论分析的基础上，本章主要对可持续生计理论进行适应性拓展，并提出光伏扶贫项目减贫机制的理论模型。具体来看，本章首先回顾了可持续生计分析框架的内涵，继而阐释了我国目前主要实施的外部性扶贫模式中难以解决的内生性困境。为了进一步提升传统可持续生计理论用于分析当前内生性扶贫问题的适应性，本章从激发贫困户内生动力的视角对现有可持续生计理论进行了相应的拓展，进而衍生出 PPAP 减贫的可持续生计分析框架。基于此，本章最后提出 PPAP 减贫机制的研究假设，并构建了 PPAP 减贫机制的研究模型。

3.1.1　可持续生计分析框架内涵

自 20 世纪 90 年代之后，国际上便开始了关于生计分析方面的研究。作为寻求贫困发生的原因以及提出解决问题的方案的系统性分析框架，可持续生计分析框架及其研究方法在理论上得到不断的开发和创新[159]。目前来看，学术界普遍认可的可持续生计分析框架主要有：英国国际发展计划署以脆弱性人群为中心，基于生计资产结构和过程转变的可持续生计分析框架；联合国开发计划署（United Nations Development Program，UNDP）以政策、技术和投资为驱动因素的可持续生计分析方法；非政府组织关怀国际（CARE International）以基本需要和权利为基础相结合的可持续生计分析方法等[18]。其中，由英国国际发展计划署（DFID）2000年开发的可持续生计分析框架（Sustainable Livelihoods Approach，SLA）可以更好地阐释贫困产生的原因及其复杂性，被视为迄今为止运用最为广泛的贫困分析理论。

可持续生计分析框架最早见于1997年英国国际发展部发布的国际发展白皮书中，以消除贫困为目标。SLA在Sen、Chambers & Conway等学者对贫困相关研究理论加以规范集成的基础上，经过进一步扩充和完善，他们将可持续生计的核心要素及要素间的结构与关系绘制成一张可以直接观测的图（图3-1）[160]。SLA以贫困人口为主要分析对象，强调脆弱性的减少和恢复能力的增强，描述了人们在市场、制度政策以及自然因素等造成的风险性环境中，如何最大限度地利用财产、权利和可能的策略去提升生计水平[18]。此外，SLA反映出农户生计资本、生计过程和生计结果之间的交互变化和相互作用。

SLA认为贫困是一种生计状态，脆弱性背景、生计资本存量低下、缺乏政策支持、生计策略选择能力弱等是造成个体贫困的重要因素。其中，脆弱性背景反映了贫困人口由生活环境表现出的脆弱性特征，主要由外部冲击、季节性变化以及发展趋势等要素组成。生计资本主要包括自然资本（土地、太阳能等自然资源）、物质资本（住房条件、饮用水、电能、交通工具等）、金融资本（储蓄和贷款等）、人力资本（劳动力、受教育程度、知识技能等）、社会资本（邻里关系、公民权利、社会网络等）。政策和制度包括农户赖以生存的环境构成（包括机构、政府、组织等）以及相关制度、法律、政策、文化等生计活动安排。而可持续生计得以实现的途径称之为

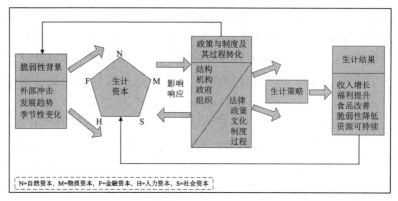

资料来源：DFID，1999[13]。

图 3-1 可持续生计分析框架

生计过程和结构。其中，贫困人群如何使用其所拥有的资本则由其所处环境中的相关政策和制度等来决定，进而对其社会关系也产生一定影响。促进贫困人口与私人机构、公共社会、政府及组织间的良好发展关系有利于其生计的进一步改善。政府应积极完善相关制度、实施相应措施，以确保贫困家庭的资本积累和生计水平得到提升。此外，生计策略是指在脆弱性环境和政策制度约束条件下，贫困户根据所拥有的资产而采取的不同类型的生计行为组合。生计结果是可持续生计发展最终目标的集中反映，即由人们所采纳的生计策略而产生的生计输出结果[18]。

SLA 将贫困成因分析与减贫路径整合进其分析框架之中，有利于人们更好地理解贫困的发生机制以及生计的复杂变化。可持续生计的核心是"以人为本"，关注人的需求、参与和反馈，注重贫困人群脆弱性的降低、资本的积累、生活途径的多样化以及生计结果的改善，强调生计的可持续、全方位、合作性发展。这些特征使其成为研究 PPAP 减贫的重要工具。

3.1.2 基于内生动力的可持续生计理论拓展

随着我国脱贫攻坚战的胜利完成，以促进经济增长为核心的外部性扶贫策略的减贫效应逐渐减弱，个体的内部异质性（即个体的内生性贫困问题）将成为后续减贫工作的重要部分[161]。然而，现有基于可持续生计框架（SLA）的研究大都隐含着"完全信息"和"完全理性"决策的假设前提，低估了外部宏观环境冲击和生计资本缺乏对个体信息获取与信息甄别的影响，忽视了由个体生计资本存量差异所产生的个体内源性认知差异。事实上，受宏观意识环境冲击和个体自身禀赋差异的影响，个体的精神特征存在普遍差异，导致农户很难基于现有信息流做出"完全理性"的决策[162,163]。在这一方面，可持续生计分析框架无法解释由于个体主观因素所产生的贫困问题，即贫困人口减贫的内生性问题。当外部性扶贫模式极大削弱贫困人口外部约束时，仍存在部分贫困人口"无心脱贫"的内生性困境[163]。现有扶贫工作若简单考虑贫困成因的物质方面，不仅会造成现有扶贫资源的错配和浪费，也极可能造成严重的返贫问题[163]。基于当前外部性扶贫策略效果的逐渐减弱，"激发贫困人群内生发展动力的作用机制（包括减轻贫困者的思想负担，催生其自身主动减贫行为）"已成为脱贫攻坚战后防返贫工作的新课题[164]。因此，将贫困成因的个体内部属性作为当前研究重点势在必行，且必须在可持续生计框架中引入贫困人口内生动力维度。

在我国新时期扶贫开发战略思想的形成和实现全面脱贫战略有序推进的背景下，激发贫困人口脱贫的内生动力（Endogenous Impetus，EI）越来越受到学术界的关注。正如谢治菊等[165]所说，内生动力使得个体实现自觉主动脱贫成为可能。尽管学术界对贫困人口内生动力的定义还未达成共识，但是内生动力在文献中一般被解释为思想动力（Thought Impetus，TI）和行为动力（Behavior Impetus，BI），以促进贫困人口可持续脱贫目标的实现[166-168]。郑瑞强等[169]指出，贫困人口的内生动力是一种个体自我觉醒的能力，这种能力可以促进贫困人口减贫。内生动力在文献中以多种方式被概念化，它被描述为一种事物发展的内在张力和驱动力，是事物发展变化的内因[165,170]。林闽钢[171]认为，增权作为一种减贫路

51

径并非赋予贫困者权力，而是挖掘或激发贫困者的潜能，这种潜能可以唤醒贫困人口在减贫过程中自身的积极性与主动性，即内生动力[165,172]。薛刚[173]的研究表明，贫困人口内生动力是指贫困者自身的活力与动力，这种力量可以有效促进贫困人口的贫困状态向好的方向发展。本章借鉴张蓓[167]对内生动力的界定，认为激发贫困人口减贫的内生动力，不仅要催生贫困人口减贫的思想动力以树立其摆脱贫困的志气和信心，也要释放贫困人口的行为动力以加强其减贫的能力与权利。

在思想层面，贫困人口内生动力的实质在于其自我效能的发挥和自我价值的实现，即减贫主体的减贫志向、信心、勇气和斗志[174]。普遍来说，生活在贫困中和生活在富裕中的个体在心理变量上往往存在统计学差异，这主要表现在贫困者缺乏争取和改变自身贫困状态的愿望和志向[175-177]。志向隶属于个体认知维度的主观幸福感，超越了物质方面的幸福感[178-180]。志向的缺乏会抑制个体劳动意愿的形成[181,182]，进而影响个体的经济决策和努力水平[183]；而努力水平的降低进一步导致个体志向水平的降低，由此形成的恶性循环将导致个体跌入贫困陷阱[184]。徐志明[170]指出，相对于非贫困人口，贫困人口在一定程度上表现为消极无为、安于贫困、懒散怠慢的价值观。因此，激发贫困人口减贫的思想动力可以从淡化贫困意识、形成脱贫志向和愿望、树立拥有美好生活的信心、培养战胜困难的勇气和斗志等方面着手。

贫困人口内生动力不足的表现是多方面的。从行为经济学视角来看，侯志茹等[185]阐释了抵触扶持政策的守旧行为、"摘帽"后的安助行为以及惧怕经营风险的安贫行为是贫困人口内生动力不足的主要表现。产生这些表现的根源在于贫困户长期的稀缺状态导致其直觉思维系统和理性思维系统的严重失衡[186]。个体的有限理性使得人们的非理性行为普遍存在[187]，但是贫困人口的认知和决策偏差带来的损失将极大地限制减贫的进程[188]。Banerjee等[189]发现，食不果腹的穷人在获得资金援助时，其食品选择的标准并非价格与营养价值，而是对食品味道的享受。在我国一些贫困者把享受政策扶持的部分鸡苗变为第二天的下酒菜[168]。因此，认知和决策的偏差使得贫困人口比其他人群有着更低的理性思维能力[190]，进而抑制其自我发展能力的形成，并产生抵触政策扶持的情结[191]。同时，由于对负面冲击所带来的破产或危机意识使得贫困户往往倾向于风险规避，进而导致其失去发展机会，并长期陷入恶性贫困陷阱之中[192,193]。Azam 等[194]以非洲农户为例，证明了与穷人相比，富人的冒险精神更强，且能获得更高的收入和更优的生计水平。因此，针对内生动力不足的诸多行为表现，本书认为释放贫困人口减贫的行为动力可以从提升贫困人口自我发展能力、加强技能培训参与力度、提高抵御风险的能力着手，以推动贫困人口自觉主动实现可持续脱贫。

综上所述，内生动力是影响贫困人口生计结果的重要因素。近年来，有学者将内生动力量化后纳入了 SLA，并采用分位数回归模型探索了不同收入水平下内生动力及生计资本对农户家庭收入的影响机制[163]。为了提升可持续生计分析框架对当前内生性减贫现状分析的适应性，进而更好地实现减贫目标，本书在原有 SLA 核心概念的基础之上，对现有可持续生计分析框架进行了拓展。具体来看，首先，将内生动力进行量化。基于上述分析，本书认为贫困人口内生动力包括思想动力和行为动力两个维度。思想动力主要指贫困主体的减贫志向、信心、勇气和斗志，行为动力主要包括技能培训参与力度、自我发展能力、抵御风险的能力等。强调激发贫困人口内生动力，一方面要重视个体思想层面的觉醒，另一方面要注重个体行为动力释放的重要性，进而全方位多角度促进个体减贫。其次，贫困人口的经济决策受其外部属性(生计资本禀赋)和内部属性(内生动力)的影响，而个体的不同经济决策将产生不同的生计结果。一般来说，贫困家庭的生计资本存量往往比较底下，内生发展动力比较匮乏。因此，提升贫困农户生计资本存量与提升其内生发展动力是优化生计决策进而改善生计结果的两条路径。本书将量化后的内生动力引入可持续生计框架中，以便分析现有扶贫措施的减贫机制。拓展后的可持续生计分析框架如图 3-2 所示。

53

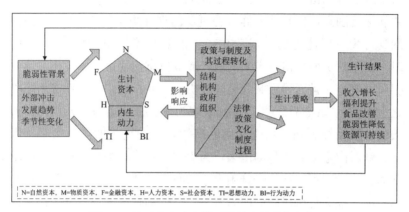

图 3-2　基于内生动力的可持续生计分析框架

3.1.3　光伏扶贫项目减贫的可持续生计分析框架

基于调整后的可持续生计理论分析光伏扶贫项目减贫机制,可以更好地开展光伏扶贫项目内生性减贫机制分析,根据研究结果对项目相关政策加以改善,以促进光伏扶贫项目的可持续减贫。本书构建的光伏扶贫项目减贫机制的主要思路如图 3-3 所示。

通过可持续生计分析理论研究光伏扶贫项目的减贫规律,有助于该项目不同主体更好地理解项目减贫作用,对项目的可持续发展提供信息。从个体内生发展动力视角出发,其不仅考虑贫困家庭的单维物质产出,还注重人的内部发展途径与产出。本书在引入内生发展动力的光伏扶贫项目可持续生计分析框架中,基于可行能力理论、赋权理论、可持续发展理论、参与式发展理论等,进一步分析光伏扶贫项目对农村贫困家庭的生计资本、内生动力、生计策略、生计结果的影响,进而分析其减贫的作用机制。

农村贫困家庭长期处于脆弱性环境之中,生计资本存量匮乏,内生发展动力不足,容易陷入贫困恶性循环,且没有能力自己脱贫致富。我国政府实施兼顾能源发展与减贫功效的光伏扶贫项目,根

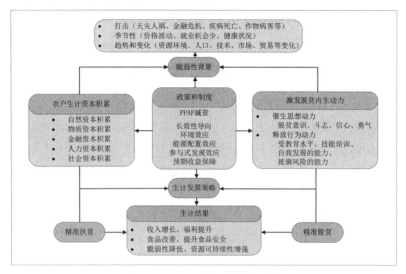

图 3-3　PPAP 减贫机制分析框架

据当地太阳能和土地等自然资源特征，为农村贫困地区和贫困家庭提供清洁能源，为贫困户建立产业发展平台，促进其受益和减贫。基于可持续生计分析视角，光伏扶贫项目的实施与减贫应关注其对贫困家庭生计资本、内生发展动力、生计策略、生计结果的影响。光伏扶贫项目的规范建设和运营应发挥其可持续减贫作用，进而推动贫困家庭生计改善的良性循环。

3.2　光伏扶贫项目减贫机制的研究假设与模型构建

与传统可持续生计分析框架不同，本书基于内生动力视角拓展后的可持续生计理论对 PPAP 的减贫机制展开研究，重点关注 PPAP 对生计资本积累、内生动力提升、生计发展策略强化以及生计结果改善的直接影响路径。此外，本书尤其关注 PPAP 对生计发展策略和生计结果影响的中介效应和内在传导机制的分析。

3.2.1　光伏扶贫项目促进减贫直接作用的研究假设

1. 光伏扶贫项目对贫困农户生计资本产生影响

光伏扶贫项目通过对贫困家庭提供多元化的资助形式，在促进贫困地区村集体经济实力增长的同时，对贫困农户的生计资本也产生直接影响。与其他扶贫项目相比，PPAP 是利用新能源进行减贫的良策之一，具有发电收入稳定、有效推进新能源发展、促进节能减排等优势。

基于 PPAP 的异质性，即光伏扶贫电站的建设需要考虑一定的自然资源，如太阳能光照资源和土地资源，因此，PPAP 的实施可能会对农户的自然资本产生一定的影响。除此之外，我国不同形式 PPAP 对贫困农户生计资本的影响各自不同。户用型光伏扶贫项目自发自用、余电上网，贫困农户可以通过使用新能源发电享受到稳定可靠的家庭用电，并通过出售多余电力获得额外收入[97]，进而使家庭物质资本和金融资本得以增长。村级光伏扶贫项目产权归村集体所有，全村贫困家庭可通过 PPAP 发电收入分配获得相应的资助。地面集中式光伏扶贫项目属于大型太阳能光伏项目，其发电收入由贫困家庭和投资企业共同享有，以提升贫困家庭的经济水平。村级 PPAP 通过对贫困家庭提供公益岗位和教育资助等形式[114]，促进其人力资本的积累。此外，我国 PPAP 是一项政府主导的扶贫产业，在其宣传推广和技术采纳过程中，无形增长了贫困农户的社会资本，如村干部的脱贫带头作用、贫困人口参与民主决策的机会以及向政府部门诉求的机会等[122]。据此，本书提出以下假设：

H1：PPAP 对贫困家庭生计资本积累产生积极的正向影响。

2. 光伏扶贫项目对贫困农户内生动力产生影响

减贫工作的重点在于树立贫困者对美好生活的信念，使他们对自身能力充满信心并采取减贫行动[80]。光伏扶贫项目不仅为贫困户提供货币援助，其最终目标是为贫困家庭提供创造收入的能力，以促进贫困家庭的可持续减贫[7]。户用型光伏扶贫项目通过发展当地新能源产业，将清洁能源转化为商业价值，以提升贫困农户的自我发展能力；村级光伏扶贫项目和地面集中式光伏扶贫项目通过提供公益岗位等形式使贫困人口通过劳动获得收入，激发贫困农户的主观脱贫思维。通过各种光伏扶贫电站获得的发电收入可以增强家庭的资金实力以应对诸如农产品市场风险、自然灾害风险、突发事件风险等各类风险，进而提升农户抵御风险的能力。通过光伏扶贫项目可使贫困家庭获得土地使用补偿或发电收益，并将贫困户脱贫致富能力的提升和参与项目的积极性作为关注的重点。光伏扶贫项目还是一项资产收益扶贫项目，它将太阳能这一自然资源转化为可以利用的资产，并建立了新能源产业发展平台，使得农村贫困家庭有机会获得能源发展收益，进而拓宽了不发达地区贫困人群的生计途径与发展空间[195]。据此，本书提出以下假设：

H2：PPAP 对贫困家庭内生动力的培育产生积极的正向影响。

H2a：PPAP 对贫困家庭思想动力的激发产生积极的正向影响。

H2b：PPAP 对贫困家庭行为动力的激发产生积极的正向影响。

3. 光伏扶贫项目对贫困农户生计策略产生影响

光伏扶贫项目可以为贫困农户提供更多的谋生方式，对贫困家庭的生计策略产生直接影响。作为多方融资的光伏扶贫项目通过增强农村贫困家庭参与能源市场的竞争能力，保障贫困户获得平等的能源使用权与销售权，进而增强其生计发展策略[196]。光伏扶贫电站的建设、开发、运营、维护、管理为农民工返乡就业提供契机。村级光伏扶贫项目和地面集中式光伏扶贫项目通过提供公益岗位等形式为贫困地区有劳动能力的贫困家庭提供就业机会。此外，为了有效利用土地资源，我国地方政府将太阳能发电与风能发电、现代农业以及扶贫项目等相结合，建立了"光伏+"模式。在农村地区实施"光伏+农业"新型发展模式，隶属于环境保护与绿色生态项目，对激发贫困人群的生态保护行为大有益处。贫困农户可通过"光

57

伏+"模式获得参与能源产业链的机会。"光伏+乡村旅游产业"可将新能源发电、文化习俗、风土人情等相互结合并创造商业价值，不仅为当地贫困家庭提供发展机会，更为他们拓宽生计策略提供契机。根据以上分析，本书提出以下假设：

H3：PPAP对贫困家庭生计策略强化产生积极的正向影响。

4. 光伏扶贫项目对贫困农户生计结果产生影响

光伏扶贫项目对贫困家庭的生计结果产生直接影响，其中生计结果包括收入的增长、脆弱性降低、食品安全提高、资源的可持续、就业增长等方面。PPAP的长效性导向、环境效应、能源配置效应、参与式发展效应和预期收益保障等特征可以改善实施光伏扶贫项目贫困家庭的生计结果(即收入增加、饮食改善、贫困程度降低、性别平等、资源可持续等)[84,103,127]。PPAP对贫困农户产生的直接影响主要包括，为贫困农户提供可及的货币援助；实现农村电气化；为贫困家庭提供就业机会和改善室内空气；通过增加清洁能源使用、稳定的电力、家庭照明时间、晚上的学习时间，使贫困户享有更好的生活质量[97,102]。从我国不同形式的PPAP对农村贫困家庭生计改善情况来看，户用型光伏扶贫项目为农村地区提供现代能源，家庭可支配收入增加，家庭电费开支减少，农户可使用太阳能发电储蓄来支付医疗相关费用[95]；村级光伏扶贫项目，一方面通过壮大村集体经济，改善村庄基础设施建设，为贫困户提供良好的生活环境，另一方面可增加贫困家庭收入和教育基金等；"光伏+农业"项目则使得农户在农业增收不变的前提下提升其专业化服务水平。因此，光伏扶贫项目不仅使贫困户获得可再生和可承担得起的能源，促进家庭能源的可持续使用，还有利于农村地区区域生态治理、环境保护和绿色发展。根据上述分析，本书提出以下假设：

H4：PPAP对贫困家庭生计结果改善产生积极的正向影响。

此外，在传统可持续生计分析框架中，生计资本、生计策略对生计结果产生直接的影响。农户生计资本禀赋越充足，生计策略的选择越多，其生计结果越丰厚。黎毅等[197]的研究表明不同生计策略类型农户中农地流出对农户收入增长路径的影响呈现"非对称性"特征。此外，有研究表明农户生计资本和内生动力共同构成了贫困人口的减贫资源，而个体的减贫资源决定了贫困人口未来的生计发展策略和生计结果[198,199]，生计结果的改善主要包括家庭收入是否增加、贫困水平是否下降以及生活质量是否提高[200]。但是，贫困人口往往拥有相对匮乏的生计资本，并且内生动力也严重不足，因此，对于贫困人群来说，其减贫途径有两种：一是通过生计资本积累促使贫困人口改善生计结果；二是通过培育内生动力以激发贫困人口自觉主动摆脱贫困，即改善贫困人口的风险偏好，引导其形成合理的上进精神，并抑制其"等靠要"思想的滋生，进而弥补其他类型生计资本的匮乏，以此获得家庭收入的提高[198]。根据上述分析，本书提出以下假设：

H5：贫困家庭生计资本积累对其生计结果产生积极的正向影响。

H6：贫困家庭内生动力的培育对其生计结果产生积极的正向影响。

H6a：贫困家庭思想动力的激发对其生计结果产生积极的正向影响。

H6b：贫困家庭行为动力的释放对其生计结果产生积极的正向影响。

H7：贫困家庭内生动力的培育对其生计策略产生积极的正向影响。

H7a：贫困家庭思想动力的激发对其生计策略产生积极的正向影响。

H7b：贫困家庭行为动力的释放对其生计策略产生积极的正向影响。

H8：贫困家庭生计策略强化对其生计结果产生积极的正向影响。

3.2.2　光伏扶贫项目促进减贫中介作用的研究假设

1. 光伏扶贫项目通过贫困农户生计资本影响生计结果

生计资本是光伏扶贫项目影响生计结果的中介，即 PPAP 通过影响贫困户生计资本进而影响其生计结果。根据可行能力理论和可持续生计理论，农村贫困家庭拥有各项生计资本存量（包括实物资产、货币资产、人力资本以及社会资本等）决定了权利交换的可能性。对于家庭来说，其资源禀赋越充足，越不易发生贫困，反之亦然。因此，贫困家庭可通过增加生计资本禀赋（自然资本、生活性和生产性物质资本、人力资本、金融资本和社会资本），才能降低其生计脆弱性[70,201]。可持续生计使得光伏扶贫项目通过增加贫困家庭各项生计资本存量来改善受益农户的生计结果。光伏扶贫项目利用清洁能源促进减贫，将当地太阳能资源转化为贫困农户收入，转变了人们破坏环境的短视行为，在促进生计资本积累的基础上改善生计结果。户用型光伏扶贫项目使农村家庭通过获得稳定电力、增加额外收入、获得质量较好的空气等物质资本和金融资本来提升生计结果。村级光伏扶贫项目和地面集中式光伏扶贫项目通过宣传科普、提供教育资助、提供公益性岗位等方式提升农村家庭的人力资本和社会资本，以改善生计结果。据此，本书提出以下假设：

H9：PPAP 通过贫困家庭生计资本积累对其生计结果产生正向影响。

2. 光伏扶贫项目通过贫困农户内生动力影响生计结果

贫困农户的内生发展动力是光伏扶贫项目影响生计结果的中介，即光伏扶贫项目通过影响贫困人口的内生动力进而影响其生计结果。一般来说，内生动力的培育有助于农户更充分地发挥扶贫政策的帮扶潜力，进而做出更优的经济决策，以此提高各类扶贫措施的边际效用，进而实现个体生计结果的改善[173]。换句话说，内生动力的培育有助于提高扶贫措施对贫困人口的减贫作用。李文静等[202]的研究证实了贫困人口的心理因素的中介效应，并可以有效促进生计结果的改善。即贫困人口精神因素的提高有助于其生计状况的改善，进而促进贫困人口实现脱贫致富。管睿等[163]的研究也表明精神贫困是集中连片贫困地区农户陷入贫困陷阱、难以实现生活富裕的重要原因。从 PPAP 不同发展模式来看，户用型光伏扶贫项目使得农户具有发展能源产业的权利，将清洁能源商业化，提升了自我发展能力，进而促进生计结果的改善。村级光伏扶贫项目和地面集中式光伏扶贫项目通过提供公益岗位等形式使贫困人口通过劳动获得收入，激发贫困农户的主观脱贫思维，进而促进减贫[199]。贫困家庭可以通过光伏扶贫项目收入增强家庭风险抵御能力，进而避免返贫的发生。此外，正如上文提到的，作为一种资产收益扶贫模式的 PPAP 将无形的资源转化为资产，提供可再生能源产业发展平台，使农村贫困农户获得更多生产和生存空间，并最终促进其生计结果的提升。据此，本书提出以下假设：

H10：PPAP 通过贫困家庭内生动力对其生计结果产生正向影响。

H10a：PPAP 通过贫困家庭思想动力对其生计结果产生正向影响。

H10b：PPAP 通过贫困家庭行为动力对其生计结果产生正向影响。

3. 光伏扶贫项目通过贫困农户内生动力影响生计策略

贫困农户的内生发展动力是光伏扶贫项目影响生计策略的中介，即光伏扶贫项目通过影响贫困户内生动力进而影响其生计策略。生活在贫困地区的人们其生存环境往往相对封闭，知识水平、发展能力和自身眼界受到限制，很可能与现代先进生活发生脱节[203]。贫困人口生活圈狭窄、信息资源有限、受教育程度低、劳动技能缺乏等特质使其很难寻找一个脱贫致富的新途径，这种贫困环境所产生的思维和行动习惯限制了贫困者的认知能力和自我发展

61

能力，使得困难群体脱贫的内生动力减弱[204]。思路决定出路，思维决定行动，现有扶贫政策将"扶志""扶智""扶能"有机结合起来，打造多形式产业扶贫实体模式，以促进农户生计策略的多样化选择。因此，内生动力的培育有助于更充分地发挥扶贫政策的帮扶潜力，进而实现贫困家庭生计策略的多样化发展。此外，具有相对规模的光伏扶贫项目的建设、开发、运营、维护、管理全过程以及提供公益岗位等为贫困地区就业提供了更多机会。据此，本书提出以下假设：

H11：PPAP 通过贫困家庭内生发展动力对其生计策略产生正向影响。

H11a：PPAP 通过贫困家庭思想动力对其生计策略产生正向影响。

H11b：PPAP 通过贫困家庭行为动力对其生计策略产生正向影响。

4. 光伏扶贫项目通过贫困农户生计策略影响生计结果

贫困农户的生计发展策略是光伏扶贫项目影响生计结果的中介，即光伏扶贫项目通过影响贫困户生计策略进而影响其生计结果。光伏扶贫项目增加了贫困农户的项目参与度，对农户生计结果的改善具有正向显著影响。从光伏扶贫项目的不同模式来看，户用型光伏扶贫项目不仅可以减少花费在电力购买方面的开销，还可以通过电力销售获得额外的收入；既能以采用清洁能源的方式参与到保护自然环境的行列中，还有助于减少碳排放，促进区域农村地区实现"碳中和"。村级光伏扶贫项目和地面集中式光伏扶贫项目通过提供多元化的公益岗位等形式为贫困农户提供就业机会，促进贫困人口脱贫致富，提升贫困家庭的生计水平和生活质量。有研究表明，在不发达的农村地区，政府利用 PPAP 模式融资的光伏扶贫项目追求防风险与谋发展并重[12]。光伏扶贫项目通过能源发展与扶贫相结合的制度创新为农民创造良好生存环境，有利于提升贫困户就业竞争能力，增强就业机会，进而改善生计结果。据此，本书提出以下假设：

H12：PPAP 通过贫困家庭生计策略对其生计结果产生正向影响。

3.2.3 光伏扶贫项目减贫机制的模型构建

本书基于内生动力视角对可持续生计理论进行拓展，并对光伏扶贫项目减贫机制进行了理论分析。在改进后的可持续生计分析框架中，本书认为 PPAP 能有效促进贫困农户生计资本积累、内生动力增强、生计策略的强化以及生计结果的改善。内生动力的培育能有效促进贫困人口生计策略和生计结果的改善；生计资本的积累和生计策略的强化可有效促进贫困人口生计结果的提升。同时，内生动力的培育有助于提高 PPAP 对贫困人口减贫(生计策略和生计结果)的作用；生计资本的积累和生计策略的强化有助于提高 PPAP 对贫困人口生计结果改善的作用。本书 PPAP 减贫机制整合研究模型如图 3-4 所示。本书研究假设汇总如表 3-1 所示。

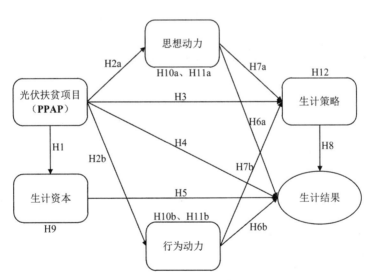

图 3-4　PPAP 减贫机制整合研究模型

表 3-1　PPAP 减贫机制研究假设汇总

研　究　假　设	对应路径
H1：PPAP 对贫困家庭生计资本积累产生积极的正向影响。	PPAP→LC
H2a：PPAP 对贫困家庭思想动力的激发产生积极的正向影响。	PPAP→TI
H2b：PPAP 对贫困家庭行为动力的激发产生积极的正向影响。	PPAP→BI
H3：PPAP 对贫困家庭生计策略强化产生积极的正向影响。	PPAP→LS
H4：PPAP 对贫困家庭生计结果改善产生积极的正向影响。	PPAP→LO
H5：贫困家庭生计资本积累对其生计结果产生积极的正向影响。	LC→LO
H6a：贫困家庭思想动力的激发对其生计结果产生积极的正向影响。	TI→LO
H6b：贫困家庭行为动力的释放对其生计结果产生积极的正向影响。	BI→LO
H7a：贫困家庭思想动力的激发对其生计策略产生积极的正向影响。	TI→LS
H7b：贫困家庭行为动力的释放对其生计策略产生积极的正向影响。	BI→LS
H8：贫困家庭生计策略强化对其生计结果产生积极的正向影响。	LS→LO
H9：PPAP 通过贫困家庭生计资本对其生计结果产生正向影响。	PPAP→LC→LO
H10a：PPAP 通过贫困家庭思想动力对其生计结果产生正向影响。	PPAP→TI→LO
H10b：PPAP 通过贫困家庭行为动力对其生计结果产生正向影响。	PPAP→BI→LO
H11a：PPAP 通过贫困家庭思想动力对其生计策略产生正向影响。	PPAP→TI→LS

续表

研 究 假 设	对应路径
H11b：PPAP 通过贫困家庭行为动力对其生计策略产生正向影响。	PPAP→BI→LS
H12：PPAP 通过贫困家庭生计策略对其生计结果产生正向影响。	PPAP→LS→LO

资料来源：作者根据本书研究目标提出。

3.3 本章小结

本章首先回顾了可持续生计分析框架的内涵，继而阐释了我国目前主要实施的外部性扶贫模式中难以解决的内生性困境。然后基于贫困人口脱贫的内生动力视角对可持续生计理论进行了适应性拓展，其中包括对内生动力的概念、测量维度的界定以及对现有可持续生计理论进行了适应性调整，进而提出光伏扶贫项目减贫的可持续生计分析框架。最后结合扶贫减贫、可再生能源发展、可持续生计、光伏扶贫项目发展相关领域学术研究的具体情况，对光伏扶贫项目减贫机制的研究假设进行了相应推导，并构建了光伏扶贫项目减贫机制的整合研究模型。

第4章 光伏扶贫项目减贫机制的
实证研究设计

在上一章对光伏扶贫项目减贫机制理论模型构建的基础上，本章将对 PPAP 减贫机制进行实证研究设计，主要包括：数据的来源、问卷设计、指标的选取与处理、问卷发放与回收、信度效度检验以及数据的描述性统计。由于 PPAP 实施时间较短，缺乏项目相关的统计数据。因此，本研究采用基于农户微观视角的问卷调查数据作为统计数据，这样做的好处是：其一，可以与研究对象进行直接沟通并获取大量一手数据，其二，有利于进一步分析基于可持续生计理论的 PPAP 减贫机制结构方程模型。

4.1 数据来源与项目概况

4.1.1 数据来源

本研究通过对全国各省 PPAP 实施环境、减贫情况等因素进行初步比较，并借鉴相关政府部门及业内专家的推荐，重点选择了宁夏回族自治区、内蒙古自治区、青海省、甘肃省、山西省、湖北省、河南省以及安徽省，共计 8 个省级区域作为研究区域。基于对 PPAP 相关政策梳理和全国项目试点县相关信息的收集，课题组在上述 8 个省级区域分别选择了县（区）级行政单位作为主要研究对象。主要包括：宁夏回族自治区的永宁县和海原县、内蒙古自治区的察右中旗、青海省的共和县、甘肃省的通渭县、山西省的天镇县、湖北省的长阳县、河南省的上蔡县和安徽省的金寨县，共计 9 个贫困县。

然后，采用电话访谈、现场走访、资料检索等方法，以建档立卡贫困户为调研对象，设计调查问卷。调研团队于 2018 年 4 月中旬至 9 月中旬，在全国开展了为期 5 个月的大范围实地调查。问卷所涉及的 9 个 PPAP 试点贫困县均为国家级贫困县，所调研的 1112 户贫困户均为建档立卡贫困户。根据 PPAP 模式类型划分，主要涉及的扶贫项目有户用型光伏扶贫项目、村级光伏扶贫项目以及地面集中式光伏扶贫项目。本研究选择的 9 个贫困县 PPAP 实施电站类型见表 4-1。其中，宁夏永宁县和海原县主要实施了户用型光伏扶贫项目；内蒙古察右中旗和青海共和县主要实施了村级光伏扶贫项目和集中式光伏扶贫项目；甘肃通渭县和山西天镇县实施了全部三种类型的光伏扶贫项目；湖北长阳县拥有国家电网公司捐赠的光伏扶贫项目，涉及村级光伏扶贫项目和集中式光伏扶贫项目；河南上蔡县主要实施了村级光伏扶贫项目；而作为中国首次尝试将光伏发电用于扶贫的安徽金寨县主要实施的是户用型和村级光伏扶贫项目。

表 4-1 样本县 PPAP 模式分布

	户用型光伏扶贫项目		村级光伏扶贫项目		地面集中式光伏扶贫项目	
	数量	规模（MW）	数量	规模（MW）	数量	规模（MW）
宁夏永宁县	2000	20	—	—	—	—
宁夏海原县	2012	7.16	—	—	—	—
内蒙古察右中旗	—	—	14	29.07	2	60
青海共和县	—	—	1	9.6	1	20
甘肃通渭县	807	2.42	198	90	2	70

	户用型光伏扶贫项目		村级光伏扶贫项目		地面集中式光伏扶贫项目	
	数量	规模（MW）	数量	规模（MW）	数量	规模（MW）
山西天镇县	100	0.28	7	24.5	1	40
湖北长阳县	—	—	54	11.333	2	12
河南上蔡县	—	—	345	68.3	—	—
安徽金寨县	7803	23.409	264	173		
合计	12722	53.269	883	405.803	8	202

资料来源：作者根据永宁县、海原县、长阳县等9县提供的资料计算整理得出。

由4-1可知，在实地调研的9个贫困县中，户用型光伏扶贫项目共计12722个，总装机容量为53.269MW，装机容量占比为8.058%；村级光伏扶贫项目共计883个，总装机容量为405.803MW，占61.386%；地面集中式光伏扶贫项目共计8个，装机总容量为202MW，容量占比为30.556%；9个贫困县光伏扶贫项目总装机容量为661.072MW。因此，在调研地区所开展的光伏扶贫项目中，村级光伏扶贫项目装机容量占比最大，其次为地面集中式光伏扶贫项目，户用型光伏扶贫项目装机规模占比最小。

4.1.2 项目概况

1. 户用型光伏扶贫项目减贫情况分析

在实地调研的9个贫困县中，共有5个贫困县建设并实施了户用型光伏扶贫项目，分别是宁夏回族自治区永宁县和海原县、甘肃省通渭县、山西省天镇县和安徽省金寨县，其中宁夏回族自治区永宁县和海原县只建设了户用型光伏扶贫项目，其他三县均建设实施了多种模式的光伏扶贫项目。

表4-2显示，5个贫困县户用型光伏扶贫项目的装机容量共计53.268MW，总投资为4.581亿元，共带动5县12722户贫困户稳定增收20年以上。其中，宁夏永宁县投资2亿元，总建设规模20 MW，且惠及贫困户2000户；海原县建设户用型光伏扶贫项目总规模7.16 MW，共惠及贫困户2012户，户均装机容量为3.5kW；甘肃通渭县投资1936.7万元，建设户用型光伏扶贫项目总规模2.42 MW，且惠及贫困户807户。相比之下，安徽省金寨县建设户用型PPAP规模最大，带动的贫困家庭数量最多，为7803户。从PPAP的发电效率来看，山西省天镇县段家沟村户用型光伏扶贫项目本着农户自愿原则，采用政府补贴、农户银行贷款、农户自筹（2：7：1）的模式多元筹资，选用新型薄膜光伏组件建设实施，其发电效率可达到1瓦光伏板年发电量2.4度电量，创历史新高。相比之下，安徽省金寨县户用型PPAP的发电效率相对较低，可能的原因在于，金寨县地处我国太阳能光照资源区第三类资源区，相比于一类资源区和二类资源区，三类资源区太阳能辐射强度相对较弱。

表4-2　户用型PPAP情况汇总

	总规模（MW）	惠及贫困户数（户）	户均装机容量(kW)	总投资（万元）	发电效率（度/瓦/年）
永宁县	20	2000	10	20000	1.3
海原县	7.16	2012	3.5	4828.8	1.3
通渭县	2.42	807	3	1936.7	1.2
天镇县	0.2786	100	2.8	316.9	2.4
金寨县	23.409	7803	3	18727.2	1
合计/均值	53.2676	12722	4.46	45809.6	1.44

数据来源：作者根据永宁县、海原县、通渭县等5县提供的资料计算整理得出。

2. 村级光伏扶贫项目减贫情况分析

在实地调研的 9 个贫困县中有 7 个贫困县开展并建设了村级光伏扶贫项目，分别是内蒙古察右中旗、青海省共和县、甘肃省通渭县、山西省天镇县、湖北省长阳县、河南省上蔡县以及安徽省金寨县。

表 4-3 显示，上述 7 个贫困县村级光伏扶贫项目装机总容量共计 405.803MW，投资总额 31.215 亿元，共带动 7 个贫困县 718 个贫困村的 117947 户贫困户。具体来说，内蒙古察右中旗投资 1.9 亿元，建设的村级光伏扶贫项目总规模达 29.07 MW，惠及 60 个贫困村的 9386 户贫困户；青海省共和县投资 6528 万元，建设的村级光伏扶贫项目总规模达 9.6 MW，共惠及 40 个贫困村的 1381 户贫困户；甘肃省通渭县投资 6.7 亿元，建设的村级光伏扶贫项目总规模达 90 MW，共惠及 198 个贫困村的 1.8 万户贫困户；山西省天镇县投资近 2 亿元，建设的村级光伏扶贫项目总规模达 24.5 MW，共惠及 123 个贫困村的 1.2 万户贫困户；湖北省长阳县的 PPAP 则属于国家电网公司捐赠项目，投资 1 亿多元，建设规模为 11.333 MW，惠及 54 个贫困村的 1651 户贫困户；河南省上蔡县投资 6.04 亿元，建设的村级光伏扶贫项目总规模达 68.3 MW，共惠及 172 个贫困村的 1.72 万户贫困户；安徽省金寨县投资 12.99 亿元，建设的村级光伏扶贫项目总规模达 173 兆瓦，共惠及 71 个贫困村的 5.83 万户贫困户。

表 4-3　村级 PPAP 情况汇总

	规模 （MW）	发电效率 （度/瓦/年）	总投资 （亿元）	带动贫困 村个数	惠及贫困 户数
察右中旗	29.07	1.5	1.9	60	9386
共和县	9.6	1.5	0.6528	40	1381
通渭县	90	1.2	6.7	198	18000
天镇县	24.5	1.72	1.9254	123	12000

续表

	规模（MW）	发电效率（度/瓦/年）	总投资（亿元）	带动贫困村个数	惠及贫困户数
长阳县	11.333	1.016	1.0067	54	1651
上蔡县	68.3	1.197	6.04	172	17200
金寨县	173	1.2	12.99	71	58329
合计/均值	405.803	1.333	31.2149	718	117947

数据来源：作者根据察右中旗、共和县、上蔡县等7县提供的资料整理得出。

从带动贫困户数量方面来看，安徽省金寨县带动的贫困户数量最多；从带动贫困村数量方面来看，甘肃省通渭县帮扶了数量最多的贫困村。调查结果表明，7个贫困县村级光伏扶贫项目均带动了相当数量的贫困村，几乎惠及当地全部贫困村集体和贫困户。因此，村级PPAP既壮大了贫困村的集体经济，也造福了贫困地区的贫困人口。从村级PPAP的发电效率来看，山西省天镇县村级PPAP的发电效率最高，每瓦光伏板年发电量可达1.72度，其次为内蒙古察右中旗和青海省共和县。即使是光照资源相对较差的湖北省长阳县，村级PPAP的发电效率也可达每瓦光伏板年发电量1.016度。此外，7县村级PPAP平均年发电效率为1.333（度/瓦）。因此，实地调研的7个贫困县村级光伏扶贫项目的发电效率良好。

3. 集中式光伏扶贫项目减贫情况分析

在实地调研的9个贫困县中有5个贫困县建设实施了地面集中式光伏扶贫项目，分别是内蒙古自治区察右中旗、青海省共和县、甘肃省通渭县、山西省天镇县以及湖北省长阳县。

实地调研数据显示，5个贫困县集中式光伏扶贫项目装机容量总计202MW，总投资为15.777亿元，共帮扶152个贫困村的7765户贫困家庭（表4-4）。其中，青海省共和县的集中式PPAP

带动 9 个贫困村的 667 户贫困户；内蒙古自治区察右中旗和甘肃省通渭县的集中式 PPAP 分别惠及 2400 户和 2800 户贫困户；山西天镇县的集中式 PPAP 带动 102 个贫困村的 1440 户贫困户；湖北长阳县的集中式 PPAP 帮扶了 41 个贫困村的 498 户贫困户。从集中式 PPAP 的效率来看，山西省天镇县和内蒙古察右中旗的集中式 PPAP 发电效率最高，两地每瓦光伏板年发电量可达 1.5 度以上，其次是青海省共和县。相比之下，甘肃省通渭县和湖北省长阳县集中式 PPAP 的每瓦光伏板年发电量较低。

表 4-4　集中式 PPAP 情况汇总

	规模（MW）	发电效率（度/瓦/年）	总投资（亿元）	带动村（个）	惠及贫困户（户）	合作企业
察右中旗	60	1.5	3.96	—	2400	中广核新能源投资有限公司
共和县	20	1.41	1.8	9	667	共和谐和新能源有限公司
通渭县	70	1.2	5.5	—	2800	通渭晶鸿电力有限公司
天镇县	40	1.56	3.5	102	1400	晋能清洁能源光伏发电有限公司
长阳县	12	1.133	1.0166	41	498	长阳县国家电网公司
合计/均值	202	1.3606	15.7766	152	7765	—

数据来源：作者根据察右中旗、共和县、通渭县等 5 县提供的资料计算整理得出。

综上所述，在实地调研涉及的三种 PPAP 模式中，相比于户用型光伏扶贫项目和集中式光伏扶贫项目，村级光伏扶贫项目的建设规模占比最大，其占比超过 50%，建设投资额也最大，帮扶的贫困村和贫困户数量也最多。此外，尽管集中式光伏扶贫项目的装机容量和投资金额均大于户用型光伏扶贫项目，但是其带动贫困户数量却远小于户用型光伏扶贫项目。就 PPAP 的发电效率而言,三种 PPAP 每瓦光伏板平均年发电量均达到 1.3 度以上。因此,本书认为三种 PPAP 模式均具有很好的发电效率。其中,户用型 PPAP 平均发电效率最大,村级 PPAP 和集中式 PPAP 的平均发电效率基本相当。

4.2 问卷设计与指标选取

4.2.1 问卷设计

为了收集研究所需的一手数据,本书基于可持续生计理论拓展和 PPAP 减贫特征,设计了光伏扶贫项目减贫机制研究所需的调查问卷。考虑到需要对受 PPAP 影响的贫困家庭可持续生计变化进行精确测量,本问卷主要以李克特五点量表和客观数值的形式予以测量。为了更加直接地研究 PPAP 的减贫机制,进而精准测度 PPAP 对减贫的实际贡献,并鉴于数据的可获得性以及减贫的动态性和精准性,本研究选取农村建档立卡的贫困家庭为研究对象。2014 年以来,国务院扶贫办在全国范围内启动了针对农村贫困家庭的建档立卡措施,以便对扶贫对象实施精确识别、精确帮扶和精确管理。我国建档立卡贫困户数据库的建成有利于对精准扶贫的动态监管。

本研究所设计的问卷内容主要围绕贫困家庭基本情况、PPAP 实施与受益情况、贫困家庭生计资本、内生动力、生计策略、生计结果以及 PPAP 认知等方面展开。受访对象分为 PPAP 受益户和非受益户、项目村和非项目村。基于国内外相关文献分析、PPAP 减贫模式和相关政策梳理,我们明确了 PPAP 发展五个方面的特征,即"长效性导向,环境效应,资源配置效应,参与式发展,收益预期保障"。生计资本主要表现为脆弱性背景下的农村贫困家庭生计资本的组合。在可持续生计分析框架中,生计资本量表主要包括:自然资本、物质资本、金融资本、人力资本和社会资本。此外,基于可行能力理论和赋权理论,从思想层面和行为经济学视角将贫困人口内生动力界定为思想动力和行为动力两个维度。其中，减贫主体缺乏减贫志向、信心、勇气和斗志是思想动力不足的主要表现，而贫困户受教育程度、技能培训参与度、自我发展能力、抵御风险能力是贫困人口行为动力的主要代理指标。生计策略是指农民为了生计目标的实现而进行的诸如生产活动以及投资活动等生计活动[205]。因此，学者们依据农户生计活动类型来划分生计策略。从农户收入来源看，主要包括农业活动收入(包含经济作物种植、林木业种植、畜牧业养殖等农业活动所获收入总额)、外出务工收入、家庭经营收入以及转移支付收入四类。因此，本书借鉴黎毅等[197]、Ellis 等[14]、刘俊等[206]对生计活动的分类，将生计策略分为农业活动、外出务工、家庭经营和转移支付。最后，采用 DFID 可持续生计分析框架中对生计结果的界定，本书认为生计结果具体包括收入、饮食以及贫困水平等方面。

4.2.2　指标选取

本书根据研究假设构建研究模型，探索基于可持续生计视角下 PPAP 的减贫机制。依据现有研究的成熟量表，并结合 PPAP 相关政策和实地调研，我们确定了 PPAP 长效减贫的各项指标(表 4-5)。

表 4-5　PPAP 减贫机制研究指标选取

变量	指标名称	指标	指　标　描　述
光伏扶贫项目发展（PPAP）	PPAP_1	长效性导向	PPAP 的实施满意度、可持续性、后续管护
	PPAP_2	环境效应	利用太阳能光伏发电可以减少碳排放、环境污染以及全球变暖
	PPAP_3	资源配置	利用太阳能光伏发电可以控制家庭能源开支和管理能源使用量
	PPAP_4	参与式发展	在 PPAP 决策、建设、运维过程中的参与度
	PPAP_5	收益预期保障	PPAP 的收入分配、补贴方式和收入预期

续表

变量	指标名称	指标	指标描述
生计资本（LC）	LC_N	自然资本	人均耕地面积、耕地质量等
	LC_M	物质资本	家庭人均住房面积、住房结构、家庭生活性资产及生产性资产等
	LC_F	金融资本	亲友借款、贴息贷款、银行借款以及借款的便利程度等
	LC_H	人力资本	家庭成员学历水平、劳动力占比以及家庭保险类型等
	LC_S	社会资本	村干部脱贫致富的模范作用、参与民主决策机会以及村务公开等
思想动力（TI）	TI_1	对目前生活状态的满意度	非常不满意-1，比较不满意-2，一般-3，比较满意-4，非常满意-5
	TI_2	对今后提高生活水平的信心	很小-1，较小-2，一般-3，较大-4，大-5
	TI_3	坦然面对生活中的不如意	不可以-1，较不可-2，一般-3，较可以-4，可以-5
行为动力（BI）	BI_1	家庭受教育程度	家庭中的最高学历水平(文盲-0，小学-1，初中-2，高中-3，高职-4，大学-5，研究生及以上-6)
	BI_2	技能培训参与度	很低-1，较低-2，一般-3，较高-4，高-5
	BI_3	自我发展能力	很小-1，较小-2，一般-3，较大-4，大-5
	BI_4	抵御风险能力	很小-1，较小-2，一般-3，较大-4，大-5
生计策略（LS）	LS_1	农业活动	农业活动收入
	LS_2	外出务工	外出务工收入
	LS_3	家庭经营	家庭经营收入(产业发展、多元经营等)
	LS_4	转移支付	转移支付收入

续表

变量	指标名称	指标	指 标 描 述
生计结果（LO）	LO_1	人均纯收入	家庭种植、养殖、林业（含果、茶等）、外出务工、家庭经营、政府补贴和其他收入总和与人口总数的比值
	LO_2	生活水平指数	每周吃肉、鸡蛋、牛奶、蔬菜、水果的频率等衡量饮食水平的综合指标
	LO_3	农户贫困指数	采用 Scorecard 得分衡量农户的生计状况，其中最低-3，最高-76

注：本表由作者根据本书的研究目标提出；借鉴帅传敏等[51]的农村贫困计分指数；PPAP 的 5 个测量指标均为李克特五点量表。

具体来看，在可持续生计分析框架(SLA)中，生计资本分为五个组成部分：自然资本、物质资本、金融资本、社会资本和人力资本。参考国内外学者对生计资本的量化方法，我们选择相应的可观测变量进行计算。表4-6是农村家庭生计资本的指标选取要素。

表4-6 生计资本的指标选取

指 标	指 标 描 述
自然资本(N)	
家庭人均耕地面积(N_1)	家庭总耕地面积与家庭总人口数的比值
耕地质量(N_2)	非常不好-1，比较不好-2，一般-3，比较好-4，非常好-5
物质资本(M)	
家庭人均住房面积(M_1)	家庭总住房面积与家庭总人口数的比值
住房结构(M_2)	其他-0，砖石和木-2，钢筋混凝-3
家庭生活性资产(M_3)	所拥有生活性资产的选项数占所列选项的比例（如冰箱、电视机、洗衣机、电脑、空调等）

续表

指　　标	指　标　描　述
生产性资产(M₄)	没有-0，耕畜(耕牛等)-1，手扶拖拉机或小型拖拉机-2，机动车辆/大中型拖拉机/打谷机/收割机/机动三轮车等-3
金融资本(F)	
家庭负债(F₁)	家庭负债总额(包括银行借款、向亲友借款、其他借款等负债总额)
5年内政府贴息贷款(F₂)	否-0，是-1
5年内亲戚朋友借款(F₃)	否-0，是-1
在金融市场借款的便利程度(F₄)	非常不便利-1，比较便利-2，一般-3，比较便利-4，非常便利-5
人力资本(H)	
家庭成员学历水平(H₁)	文盲-0，小学-1，初中-2，高中-3，高职-4，大学-5，研究生及以上-6
劳动力占比(H₂)	家中劳动力人口所占比例
负担人口比例(H₃)	患病人数和上学人数占总人数的比例
家庭保险类型(H₄)	无-1，新农合或新农保-2，新农合和新农保-3，商业保险-4，新农合、新农保和商业保险-5
社会资本(S)	
村干部脱贫致富的模范作用(S₁)	非常不满意-1，比较不满意-2，一般-3，比较满意-4，非常满意-5
参与民主决策的机会(S₂)	非常不满意-1，比较不满意-2，一般-3，比较满意-4，非常满意-5
向当地政府反映诉求的权利(S₃)	非常不满意-1，比较不满意-2，一般-3，比较满意-4，非常满意-5
所在村有许多好朋友(S₄)	非常不满意-1，比较不满意-2，一般-3，比较满意-4，非常满意-5

注：本表借鉴单德朋[207]、李文静等[202]对学历水平和家庭保险类型进行赋值；H_3指标作正向处理。

　　自然资本(Natural Capital)是指农户在自然界中可以获取的各种资源或服务，包括有形资本(土地、耕地等)和无形资本(大气、太阳能和生物多样性等)。自然资本对于农民来说非常重要，耕地是农村家庭最基本的自然资本。

　　物质资本(Material Capital)是指农户所拥有的基本的生活和生产资料，用于维持生计和改善生产力水平，主要包括：住房条件、生活性资产、生产性资产以及基础设施建设等。

　　金融资本(Financial Capital)是人们可以获得的并能够自由支配的资金资源。主要包含两类，其一是农户当前所拥有的储蓄，其二是通过包括正规渠道和非正规渠道在内的各种渠道所筹措到的资金。资金筹措主要是指银行贷款、政府贴息贷款、从亲朋好友获得现金和其他借款的机会以及在金融市场借款的便利程度等。我们在问卷调查的过程中发现，农户储蓄指标存在失真现象，因此，本书主要选择家庭负债、5 年内政府贴息贷款、5 年内向亲戚朋友借款和在金融市场借款的便利程度这四个指标衡量金融资本。

　　人力资本(Human Capital)是指农户用以实现生计目标所拥有的知识、劳动力和健康等，是农民生计途径创造最主要的动力来源；对于农村家庭，则指农户家庭受教育程度、劳动能力、健康状况与社会保障等。

　　社会资本(Social Capital)强调人的社会性，是利用社会资源而获得的资本，农村贫困人口的社会资本意味着农户用以创造并改善生计所利用的人际关系，主要包括社会网络中的信任和互助、对外的集体诉求、参与决策的机会以及公共准则和约束力等。

　　综上所述，PPAP 主要采用长效性导向、环境效应、资源配置效应、参与式发展、收益预期保障五个指标进行测度。由于上述各测度指标之间相互独立且综合表征了 PPAP 发展，因此，本书将PPAP 发展定义为形成性潜变量。与此相类似，将生计资本、行为动力、生计策略均定义为形成性潜变量，而将思想动力和生计结果定义为反映性潜变量。

4.3 问卷的发放和收回

4.3.1 问卷的预调研

在正式发放问卷之前，调研团队于 2018 年 4 月 15 日至 25 日，赴湖北省红安县、随县、曾都区、孝昌县四县(区)贫困村进行了预调研，主要考察了问卷内容的合理性。

本书设置的问卷内容是在已有的实证研究和现有成熟量表的基础上，同时通过文献综述、专家研讨、深度座谈等方式予以确认的。因此，进行预调研的目的更多地体现在对问卷设计有效的验证上。本研究的调研对象是贫困户，调研之前课题组对调研成员进行了专业知识培训和考核，考核合格的调研者还应同时懂当地方言，并清楚地了解 PPAP 实施全过程以及减贫相关知识。受到专业培训的调研人员还需具备一定的沟通技巧，做到在保证问卷真实的基础上将专业的术语转化为贫困户能够普遍理解的语言。

在预调研期间，我们共发放了 50 份问卷，经统计，收回 50 份较为完整的问卷。从问卷填写情况来看，问卷设计的长度较为合理，贫困户能够较好地理解各个题项。我们也对问卷设计中存在的问题进行了完善，首先，将考察时间具体到 2013 年 1 月 1 日至 2017 年 12 月 31 日。其次，在预调研过程中进一步明晰了我国光伏扶贫项目的模式分类，即户用型光伏扶贫项目、村级光伏扶贫项目、集中式光伏扶贫项目以及"光伏+"扶贫项目共 4 种类型。此外，还添加了建档立卡贫困户的致贫原因调查题项。

4.3.2 样本选择

本书主要采用分层抽样和随机抽样相结合的方法进行抽样调

查，在全国 471 个光伏扶贫试点贫困县进行分层抽样和随机抽样，共抽取 9 个样本县。抽样细节可分为以下 3 个步骤：

第一步：样本县抽样。按照中国太阳能光照三类资源区划分，在全国 471 个光伏扶贫试点贫困县进行分层抽样，每类资源区随机抽取 3 个样本县，共抽取 9 个样本县，分别是永宁县、海原县、察右中旗、共和县、通渭县、天镇县、长阳县、上蔡县和金寨县。

第二步：样本村抽样。在所抽取的 9 个贫困县（区/旗）中，从每个贫困县所有实施 PPAP 的贫困村中抽取 4~5 个贫困村。本书最终抽取的贫困村分别是边家坪村、青岗坪村、玉宝村、流溪村、土地坡村、湾李村、南大吴村、南王楼村、尚庄村、牛庄村、廿地村、铁盖村、沙珠玉村、恰卜恰村、原隆村、麻春新村、苍湾村、田拐村、黑城村、张堡村、油坊村、东山村、中和村、文树村、南岔村、段家沟村、塔儿村、乡天沟村、张家庄村、南高崖村、二道沟村、转经召村、西壕欠村、广益隆村、三层店村、第二嘎查村、长岭关村、漆店村、东高村、白纸棚村、仙桃村，共计 41 个自然村。

第三步：样本农户抽样。作为实地调研的最小抽样单元，农户层面的样本选择是通过随机抽样方法进行的。具体做法是，当调研团队抵达一个村后，先在村部与村干部进行必要的交流，以熟知整个样本村的基本信息。然后，邀请村干部提供与 PPAP 相关的农户名单，并进行随机抽样抽取样本农户。

4.3.3　问卷的正式发放与收回

本书主要以贫困家庭为调研单位，并采用亲自上门、一对一的实地访谈与问卷调查的方式进行数据收集。此次实地调查共收回调查问卷 1255 份，剔除无效问卷，共得有效问卷 1251 份，问卷有效率为 99.68%。样本的详细分布如表 4-7 所示。由于本书重点关注

PPAP 对贫困家庭的影响以及 PPAP 的减贫机制，因此选取的调研对象为建档立卡贫困户，得到问卷数量 1112 份，内容主要涉及贫困家庭基本情况和 PPAP 受益情况。

表 4-7　研究样本分布情况

区域类型	样本县	样本村数	样本户数	贫困家庭数
Type Ⅰ	宁夏永宁县	1	30	12
	宁夏海原县	5	135	101
	内蒙古察右中旗	6	158	144
Type Ⅱ	青海共和县	4	154	152
	甘肃通渭县	5	152	135
	山西天镇县	5	150	147
Type Ⅲ	湖北长阳县	5	154	123
	河南上蔡县	5	151	133
	安徽金寨县	5	167	165
合计	9	41	1251	1112

资料来源：作者根据实际调研统计得出。

1. 贫困家庭的基本情况

该样本显示了贫困家庭的高度多样性。家庭人口数小于 5 人的家庭占比为 74.01%，大于等于 5 人的家庭占比为 25.99%。在家庭劳动力（18~60 岁）数量方面，无劳动力的家庭数量有 164 户，占比 14.75%；有一个劳动力的家庭数量有 241 户，占比 21.67%；有两个劳动力的家庭数量有 401 户，占比 36.06%；有三个劳动力的家庭数量有 182 户，占比 16.37%；有四个劳动力的家庭数量有 101 户，占比 9.08%；有五个劳动力的家庭数量有 17 户，占比 1.53%；有六个劳动力的家庭数量有 6 户，占比 0.54%。由此可见，在样本农户中，拥有两个劳动力的贫困家庭占比最高，其次是拥有一个劳动力的家庭。从家庭人均纯收入来看，仍有 11.33% 的家庭低于 2300 元的贫困标准。在受访的 1112 个建档立卡贫困家庭中，男性受访者为 852 人，占比 76.62%；女性为 260 人，占比 23.38%。从年龄来看，小于 50 岁的受访者为 363 人，占比 32.64%；大于等于 50 岁的受访者为 749 人，占比 67.36%。在文化程度方面，81.11% 的户主达到小学教育程度，28.87% 的户主达到初中教育程度。

2. PPAP 实施的基本情况

从 PPAP 实施情况来看，获得 PPAP 补贴（PPAP 受益农户）的农村家庭数量为 913 户，占比 82.10%；没有获得 PPAP 补贴（PPAP 非受益农户）的农村家庭数量为 199 户，占比 17.90%。值得注意的是，本书将未获得 PPAP 补贴（PPAP 非受益农户）的农村家庭纳入研究样本，是因为 PPAP 不仅对农村贫困家庭进行资助，还有相当一部分发电收入用于壮大村集体经济。因此，那些未获得 PPAP 补贴的农户属于 PPAP 的间接受益者。从 PPAP 模式分类来看，在 PPAP 受益农户中，有 860 户贫困户获得一种类型 PPAP 模式的补贴，占比 94.19%；有 53 户贫困户获得两种类型 PPAP 模式的补贴，占比 5.81%。

4.3.4 信度与效度检验

本书选取的 9 个样本县涉及区域广泛，数据有较强的代表性，有利于充分研究 PPAP 的减贫机制和减贫效果。此外，数据收集完毕之后，对问卷中所有李克特五点量表的题项进行了信度和效度检验（表 4-8）。信度是指数据结果的稳定性、一致性和可靠性，用来测量变量在不同测量情况时的一致性程度。通常采用 Cronbach's Alpha 系数来判别，其值大于 0.8 表明测量量表的可靠性非常好。效度即有效性，包括内容效度、准则效度和结构效度三种类型。结果显示，问卷的 Cronbach's Alpha 和 KMO 均大于 0.8。因此，数据具有良好的稳定性和一致性。

表 4-8 问卷的信度和效度检验

题项编号	Cronbach's Alpha	KMO
46~51，53，54	0.809	0.828
58~60	0.875	0.920
61~64	0.882	
67~72	0.804	
73~76	0.919	
77~82	0.931	
83~85	0.887	
86~88	0.816	
89~91	0.838	
92~95	0.823	
96~98	0.815	
99~101	0.845	
102~104	0.806	
105~108	0.852	
109，110	0.956	
111~116	0.913	
117~122	0.937	
123~125	0.945	

注：由于问卷分为两部分，本书进行了两次 KMO 检验。完整的调查问卷见附录 B。

4.4 数据的描述性统计

4.4.1 指标处理

1. 农村家庭生计资本测量指标标准化

基于对农村家庭5种生计资本测量指标没有统一量纲的考虑，需要对指标值进行标准化预处理。本书采用"归一化"的数学方法将研究数据作无量纲处理，即对原始数据作线性化转换，然后再利用标准化后的数据进行分析。具体如下：

若 $\mathrm{Max}(X)$ 和 $\mathrm{Min}(X)$ 分别是样本 X 的最大值与最小值，使用 Min-max 标准化方法将 X 的原始数据映射至(0-1)中，计算公式如下：

$$Y = \frac{X_{(k)} - \mathrm{Min}(X)}{\mathrm{Max}(X) - \mathrm{Min}(X)}, \ k = 1, \ 2, \ 3, \ \cdots, \ n \qquad (4.1)$$

其中：Y 表示样本标准化后的指标值；$X_{(k)}$ 为样本的原始指标值；$\mathrm{Min}(X)$ 为样本的指标最小值，$\mathrm{Max}(X)$ 为样本的指标最大值。经过标准化后的数据均处于0至1之间，可比性增加，并且数值越大表明该指标所反映的生计资本存量越多。

2. 熵权法进行权重赋值

贫困家庭5类生计资本经过测量指标的标准化之后，虽然增强了数值之间的可比性，但是在测算过程中不同测量指标所反映各生计资本重要程度仍存在差别。因此，需要对每项测量指标进行权重赋值。为了尽可能地减小数据赋权的主观性，本书采用熵权法计算生计资本各项测量指标的权重。

在信息论中，信息是系统有序程度的一个度量，熵是系统无序程度的一个度量。因此，信息熵是对不确定信息的度量，如果一个指标的信息熵越小，该指标提供的信息量越大，在综合评价中所起的作用理应越大，权重就越高。熵权法是一种客观赋权方法，它强调各指标的变异程度，利用信息熵计算出各指标的熵权，再通过熵权对各指标的权重进行修正，从而得出较为客观的指标权重。具体计算如下：

本书对农村家庭生计资本各指标进行赋权，构建一个由 m 个样本和 n 个指标组成的初始矩阵。其中，每个样本 y_i 由 n 个指标表征：

$$y_i = \{X_{i1}, \cdots, X_{ij}, \cdots, X_{in}\}, j = 1, 2, \cdots, n \qquad (4.2)$$

因此，初始矩阵 X：

$$X = \{x_{ij}\}_{m \times n} \qquad (4.3)$$

然后，计算第 j 个指标下第 i 个样本的贡献度 A_{ij}：

$$A_{ij} = \frac{x_{ij}}{\sum_{i=1}^{m} x_{ij}} \qquad (4.4)$$

那么，第 j 个指标的熵 e_j 的计算公式为：

$$e_j = -K \sum_{i=1}^{m} A_{ij} \ln(A_{ij}) \qquad (4.5)$$

其中，常数 $K = 1/\ln(m)$，即 $0 \leq e_j \leq 1$。当某指标各样本的贡献度趋于一致时，e_j 趋于 1。计算第 j 个指标下的各样本贡献度的一致性程度系数 d_j，$d_j = 1 - e_j$，一致性程度系数值越大，那么指标 x_j 所占比重就越大。

最后，计算 x_j 的权重 w_j：

$$w_j = \frac{d_j}{\sum_{j=1}^{n} d_j}, j = 1, 2, \cdots, n \qquad (4.6)$$

经计算，得出农村家庭生计资本构成权重，具体见表4-9。

85

表 4-9　农村家庭生计资本指标权重

生计资本类型	测量指标	指标名称	权重	计算公式
自然资本（N）	家庭人均耕地面积	N_1	0.90	$N = N_1 \times 0.90 + N_2 \times 0.10$
	耕地质量	N_2	0.10	
物质资本（M）	家庭人均住房面积	M_1	0.29	$M = M_1 \times 0.29 + M_2 \times 0.03$ $+ M_3 \times 0.06 + M_4 \times 0.62$
	住房结构	M_2	0.03	
	家庭生活性资产	M_3	0.06	
	生产性资产	M_4	0.62	
金融资本（F）	家庭负债	F_1	0.25	$F = F_1 \times 0.25 + F_2 \times 0.23$ $+ F_3 \times 0.50 + F_4 \times 0.02$
	政府贴息贷款	F_2	0.23	
	亲戚朋友借款	F_3	0.50	
	在金融市场借款的便利程度	F_4	0.02	
人力资本（H）	家庭成员学历水平	H_1	0.15	$H = H_1 \times 0.15 + H_2 \times 0.58$ $+ H_3 \times 0.19 + H_4 \times 0.08$
	劳动力占比	H_2	0.58	
	负担人口比例	H_3	0.19	
	家庭保险类型	H_4	0.08	
社会资本（S）	村干部脱贫致富的模范作用	S_1	0.22	$S = S_1 \times 0.22 + S_2 \times 0.27$ $+ S_3 \times 0.27 + S_4 \times 0.24$
	参与民主决策的机会	S_2	0.27	
	向当地政府反映诉求的权利	S_3	0.27	
	所在村有许多好朋友	S_4	0.24	

资料来源：作者运用熵权法计算得出。

4.4.2　受访家庭的描述性统计

本研究所选样本的受访者均为建档立卡贫困户，其家庭基本情况主要涉及受访者性别、受访者年龄、学历水平、家庭人口数、劳动力人数、外出务工人数、人均年收入、饮水类型、住房类型、低保情况等。这些数据不仅揭示了贫困家庭的基本特征，还为贫困家庭生计资本的研究提供了原始客观数据。

　　家庭人口数 1 至 9 人不等，均值为 3 人。家庭人均纯收入166.67 元至 65000 元不等，人均纯收入均值为 6080.16 元。在受访的 1112 个建档立卡贫困家庭中，91.01%的户主为男性，8.99%的户主为女性。受访者年龄从 13 岁到 91 岁不等，平均年龄为 56 岁；而户主的年龄从 18 岁至 93 岁不等，平均年龄为 57 岁。在学历方面，受访农户的平均学历达到了小学学历的水平，最高学历为研究生学历。在去县城耗时方面，平均耗时 40 分钟左右。家庭劳动力人数从 0 到 5 人不等，平均人数达到 2 人；家庭外出务工人数从 0到 6 人不等，均值在 1 人以上。此外，样本家庭的饮水类型、做饭燃料和供电稳定性的均值均达到了中位数的水平，详见表 4-10。

表 4-10　受访家庭的描述性统计

	均值	最小值	最大值	标准差	峰度	偏度
受访者性别	0.766	0	1	0.423	−0.414	−1.26
受访者年龄	55.856	13	91	13.536	−0.141	−0.188
学历水平	1.157	0	5	0.784	0.84	0.557
去县城耗时	0.747	0.03	5	0.573	7.033	2.102
家庭人口数	3.469	1	9	1.615	−0.239	0.564
劳动力数量	1.901	0	6	1.244	−0.071	0.37
外出务工人数	1.614	0	5	1.859	−0.662	0.83
人均年收入	6080.164	166.67	65000	4506.673	35.924	4.129
饮水类型	6.776	1	7	0.761	17.164	−4.019
住房类型	2.013	0	5	0.623	0.3	0.036
做饭燃料	3.854	0	7	3.227	−1.837	−0.189
供电稳定性	4.272	1	5	0.619	4.1	−1.053

续表

	均值	最小值	最大值	标准差	峰度	偏度
道路交通	2.868	1	4	0.687	2.821	−1.552
是否有低保	0.913	0	5	1.024	−1.241	0.371

资料来源：经作者计算得出，$n = 1112$。

4.4.3 研究变量的描述性统计

本书对研究变量的主要题项(包括 PPAP、生计资本、思想动力、行为动力、生计策略、生计结果的测量指标)进行描述性统计，其中主要包含最大值、最小值、均值、中值、标准差、峰度、偏度等，之后进一步对各指标基本水平和样本数据所呈现出来的分布情况进行判别。研究变量所有题项的描述性统计结果见表 4-11。

表 4-11 研究变量的描述性统计

指标	缺失值	最小值	最大值	均值	中值	标准差	峰度	偏度
PPAP_1	0	2	5	3.896	4	0.539	0.178	−0.28
PPAP_2	0	1	5	3.962	4	0.686	0.513	−0.732
PPAP_3	0	1	5	3.419	3.33	0.797	−0.439	−0.192
PPAP_4	0	1	5	1.872	2	0.953	1.431	1.231
PPAP_5	0	2	5	3.569	3.67	0.499	0.219	−0.11
LC_N	0	0	0.95	0.089	0.08	0.055	59.154	5.073
LC_M	0	0	0.84	0.236	0.1	0.23	−0.76	0.88
LC_F	0	0	0.83	0.122	0.01	0.17	2.045	1.536
LC_H	0	0	0.78	0.204	0.17	0.146	0.427	0.912
LC_S	0	0.05	1	0.743	0.8	0.175	2.555	−1.476
TP_1	0	1	5	4.039	4	0.856	1.388	−1.064
TP_2	0	1	5	4.013	4	0.863	2.043	−1.202

续表

指标	缺失值	最小值	最大值	均值	中值	标准差	峰度	偏度
TP_3	0	1	5	4.004	4	0.856	1.456	−1.008
BP_1	0	0	6	2.228	2	1.454	−0.427	0.618
BP_2	0	1	5	2.924	3	0.922	−0.315	0.185
BP_3	0	1	5	2.878	3	1.037	−0.483	0.28
BP_4	0	1	5	3.574	3.667	0.641	0.94	−0.39
LS_1	0	0	100000	2744.556	0	6612.858	62.605	6.249
LS_2	0	0	90000	6617.896	0	12962.19	7.489	2.526
LS_3	0	0	182000	2790.969	0	12602.17	111.048	9.518
LS_4	0	0	150800	3977.144	2300	8080.995	135.155	9.539
LO_1	5	166.7	65000	6080.164	5100	4506.673	35.924	4.129
LO_2	0	2.1	10.5	7.057	6.9	1.92	−0.603	−0.071
LO_3	0	3	76	48.352	49	11.177	0.542	−0.402

资料来源：经作者计算得出，$n = 1112$。

在生计资本方面，自然资本值由 0 至 0.95 不等，均值为 0.089，表明贫困家庭自然资本存量普遍匮乏；物质资本值由 0 至 0.84 不等，均值为 0.236；金融资本值由 0 至 0.83 不等，均值为 0.122；人力资本值由 0 至 0.78 不等，均值为 0.204；社会资本值由 0.05 至 1 不等，均值为 0.743，表明贫困家庭社会资本存量相对富裕。

在生计策略指标中，贫困家庭的农业活动收入最小值为 0，最大值为 100000 元，均值为 2744.556 元；外出务工收入从 0 至 90000 元不等，均值为 6617.896 元；家庭经营收入的最大值为 182000 元，均值为 2790.969 元；转移支付收入从 0 至 150800 元不等，均值为 3977.144 元，以上表明与农业活动和家庭经营相比，外出务工和转移支付的收入较高。

在生计结果测量指标中，样本家庭的人均纯收入的最小值为

166. 7 元/年，最大值为 65000 元/年，均值为 6080. 164 元/年；家庭饮食指数从2. 1 至 10. 5 不等，均值为 7. 057；家庭贫困指数则由 3 至 76 不等，且均值为 48. 352。

≣ 4.5   本章小结

　　本章包括三大方面：第一，主要对数据的来源以及问卷的设计、发放、回收过程进行介绍，然后结合前述相关文献以及对 PPAP 的政策文件梳理，界定了研究变量各指标的涵义。第二，本研究经过严格的抽样过程，并通过问卷调查的方式获取了一手数据，为本书实证研究奠定了数据基础。问卷数据收集时间持续近半年之久。问卷调研选择的样本县均为国家级贫困县(以当时调研时间评定)，样本户均为受 PPAP 影响的建档立卡贫困户。在问卷正式发放之前，本研究针对问卷内容设置合理性进行了预调研。第三，在数据的描述性统计分析之前，本书采用熵权法对贫困家庭生计资本变量的各项指标进行了预处理，增强了数据之间的可比性，并对测量指标进行权重赋值，同时达到数据降维的效果，以便开展进一步的实证分析。此外，本章还对问卷收集的数据进行了信度与效度检验，其结果显示问卷具有良好的稳定性和一致性。

第5章 光伏扶贫项目减贫机制的
实证检验

本章采用结构方程模型(SEM)实证研究 PPAP 的减贫机制，对构建的理论模型和路径假设予以验证。结构方程模型可以识别内生变量和外生变量之间的关系。本章首先对测量模型进行了信度效度检验，对结构模型进行了路径分析，并基于 IPMA 识别了 PPAP 减贫关键因子。然后，根据构建的结构方程模型，进一步检验并分析了相关的中介作用假设。继而从收入、节能习惯、家庭成员学历水平、年龄等家庭特征维度以及 PPAP 认知维度出发，开展了多组对比分析，以深入了解 PPAP 的减贫机制。本章将 IPMA 引入 PPAP 的减贫分析之中，识别了影响减贫效果的关键因子。

5.1 数据检验

本章采用偏最小二乘法结构方程模型(PLS-SEM)对第3章所构建的概念模型进行评估，主要包括测量模型检验、结构模型检验以及中介效应检验。在我们的研究中，之所以采用 PLS-SEM 方法，是因为它在参数分析中表现更好。此外，由于多重共线性的困难较少出现，它特别适合于具有复杂因果关系的构念之间的研究。本章使用 Smart PLS 3.0 软件作为样本数据分析工具，并采用 Bootstrapping 技术对系数的显著性进行统计分析，设置重复抽样值为 5000，以确保检验结果的稳健性。本章以贫困人口生计结果为内生变量，对模型进行了估计。

本研究对 PPAP 减贫机制研究的样本数据来源于课题组收集的 1112 份全国 PPAP 试验贫困县的建档立卡贫困户。在使用结构方程模型对中国 PPAP 的减贫机制进行实证检验之前，本章首先从样本数据的缺失值、同源偏差以及正态分布特征三个方面对 1112 户样本数据进行检验。以贫困人口生计结果为内生变量的数据检验结果如下：

1. 缺失值的检验

第 4 章 4.4 节的描述性统计分析清晰地展示了样本数据各项可观察变量的均值、中位数、最大值、最小值、标准差、峰度和偏度等统计量的统计结果。不难发现，在 1112 份样本问卷中，可观察变量 LO_1 存在 5 个缺失值，其他 24 个可观察变量均不存在缺失值的情况。因此，缺失值的数量占样本总数的 0.45%。本章借鉴 Hair 等[208]的建议，即当样本的缺失值小于 5% 时，则可采用中值替代法对研究样本进行处理。所以，本章使用中值替代法对研究样本的缺失值进行了相应处理。

2. 同源偏差检验

由于本书采用问卷调查法，所有的项目均由贫困户回答，因此测量中可能存在同源偏差。本书采用 Harman 单因子检验方法，即对问卷所有变量的条目进行未旋转的主成分因素分析，得到的第一个因子解释的变异量反映了数据中同源偏差的量[209]。本书采用统计分析软件 SPSS 对样本数据的同源偏差进行检验。结果表明，在未旋转的主成分因素分析中，共得到 6 个特征值大于 1 的因子，且第一个因子载荷量仅占 20.28%，并未占多数。因此，本书的同源偏差问题并不严重。

3. 正态分布检验

在统计学上，判断变量是否服从正态分布的依据为数据偏度系数的绝对值小于3，且峰度系数的绝对值小于8。若数据偏度系数的绝对值大于20，则意味着变量严重偏离了正态分布。在表4-11中，除了个别变量的偏度系数大于3以及部分变量的峰度系数大于8之外，绝大多是的变量服从正态分布。所以，本书选择了偏最小二乘法对结构方程模型进行估计，并采用Smart PLS 3.0软件作为本研究的实证检验工具，以解决样本变量的非正态因素对估计结果所产生的不利影响。

5.2 模型检验

本章的模型检验包括测量模型检验和结构模型检验两部分。在测量模型检验中，依据测量模型的性质又可分为反映性测量模型和形成性测量模型。其中，反映性测量模型的检验主要涉及信度和效度检验，即内部一致性检验、外部载荷检验、聚合效度检验以及区分效度检验。而形成性测量模型的检验主要采用变量指标的方差膨胀因子值(VIF)来测量多重共线性的问题，即0.2<VIF<5时，形成性测量模型没有多重共线性。形成性测量模型的检验还包括指标外部权重的显著性检验。本书结构模型检验主要涉及四个方面：变量的多重共线性检验、路径系数的显著性检验、决定系数(R^2)检验、预测相关性系数(Q^2)检验。在基于偏最小二乘法的结构方程估计模型中，内生变量的决定系数值(R^2)越大，表示其解释力度越大，而内生变量的预测相关性系数(Q^2)大于阈值0，则表明结构方程具有较好的预测相关性。

5.2.1 测量模型检验

1. 反映性测量模型

本书的反映性测量模型涉及两个因素，分别是思想动力和生计结果。通过对样本数据进行计算，本书所涉及的反映性测量模型的组合信度(CR)值均大于 0.7，分别为 0.9(思想动力)和 0.8(生计结果)；平均方差提取值(AVE)均大于 0.5，分别为 0.75(思想动力)和 0.59(生计结果)。这表明本研究所构建的反映性测量模型具有很好的聚合效度以及内部一致性。在本书所涉及的所有反映性测量模型中，所有显变量(测量指标)的外部载荷系数均大于 0.7，且指标的可靠性系数基本达到 0.5。此外，本书借鉴 Henseler 等[210]的观点，即在基于方差估计的结构方程模型中，与交叉因子载荷准则和 Fornell-Larcker 准则相比，HTMT 准则可以更加稳定地测量变量的区分效度。在本书所构建的模型中，HTMT 值为 0.64，小于临界值 0.85。因此，本书的反映性测量模型具有很好的区分效度。综上所述，本书所构建的反映性测量模型均通过了信度与效度检验，检验结果见表 5-1。

表 5-1　反映性测量模型检验结果

测量指标	因子载荷	指标可靠性	C. R.	AVE	VIF
TI_1	0.854	0.729			1.781
TI_2	0.876	0.767	0.901	0.752	2.097
TI_3	0.870	0.757			2.019
LO_1	0.705	0.497			1.234
LO_2	0.722	0.521	0.811	0.591	1.294
LO_3	0.869	0.755			1.497

资料来源：作者根据 Smart PLS 3.0 软件的计算结果统计得出。

2. 形成性测量模型

本书所涉及的形成性测量模型涉及四个因素，分别是 PPAP 发展、生计资本、行为动力和生计策略。如表 5-2 所示，本书形成性测量模型中所有指标的 VIF 值均处于 0.2 至 5 之间，表明形成性测量模型没有多重共线性。但是在指标外部权重的显著性检验中，指标 PPAP_1、LC_N 和 BI_1 的外部权重不显著。本书采用 Hair

等[208]提出的处理方法，即通过检验指标的外部载荷来决定形成性测量模型指标的取舍，若形成性测量指标的外部载荷大于等于0.5，即使指标不显著，但是很重要，故予以保留。本书通过对形成性测量模型检验后，发现 PPAP_1 的外部因子载荷为 0.569($P=0.000$)，所以在 PPAP 测量模型中，将 PPAP_1 予以保留；同样，对 LC 形成性测量模型进行检验，LC_N 的外部载荷为 0.040($P=0.472$)，因此在 LC 这一形成性测量模型中，将 LC_N 删除；同样，在 BI 测量模型中，BI_1 的外部载荷为 0.523($P=0.000$)，所以在形成性测量模型 BI 中，将 BI_1 予以保留。

表 5-2　形成性测量模型检验结果

测量指标	VIF	外部权重	STDEV	T 值	P 值	Significance
PPAP_1→PPAP	1.717	0.053	0.129	0.410	0.682	NS
PPAP_2→PPAP	1.062	0.377	0.095	3.987	0.000	***
PPAP_3→PPAP	1.054	0.429	0.106	4.056	0.000	***
PPAP_4→PPAP	1.113	0.256	0.119	2.159	0.031	*
PPAP_5→PPAP	1.702	0.571	0.116	4.930	0.000	***
LC_N→LC	1.029	-0.002	0.044	0.041	0.968	NS
LC_M→LC	1.045	0.250	0.049	5.118	0.000	***
LC_F→LC	1.012	0.234	0.044	5.271	0.000	***
LC_H→LC	1.018	0.741	0.040	18.664	0.000	***
LC_S→LC	1.014	0.461	0.057	8.163	0.000	***
BI_1→BI	1.524	0.003	0.056	0.048	0.962	NS
BI_2→BI	2.485	0.404	0.078	5.176	0.000	***
BI_3→BI	3.168	0.581	0.083	6.982	0.000	***
BI_4→BI	1.016	0.275	0.048	5.762	0.000	***
LS_1→LS	1.050	0.486	0.052	7.371	0.000	***
LS_2→LS	1.054	0.621	0.054	11.524	0.000	***

续表

测量指标	VIF	外部权重	STDEV	T 值	P 值	Significance
LS_3→LS	1.025	0.339	0.074	4.607	0.000	***
LS_4→LS	1.013	0.163	0.059	2.749	0.006	**

资料来源：作者根据 Smart PLS 3.0 软件的计算结果统计得出。

注：*** 表示 $P<0.001$、** 表示 $0.001 \leqslant P<0.01$、* 表示 $0.01 \leqslant P<0.05$ 的情况下显著。

之后，本书对修正后的形成性测量模型进行了再一次的检验，结果如表 5-3 所示。从指标的 VIF 值来看，形成性测量模型均不存在多重共线性，各指标的 VIF 值均介于 0.2 至 5 之间。在形成性测量模型指标的显著性检验中，除两个保留的指标 PPAP_1、BI_1 外，其余显变量的外部权重均在 5% 的水平上显著。因此，本书的形成性测量模型通过了模型检验，并能够较好地表征其所属的潜变量。综上所述，本研究所构建的 2 个反映性测量模型和 4 个形成性测量模型均通过了测量模型检验，可以进行下一步的结构模型检验。

表 5-3　形成性测量模型检验结果 (修正后的模型检验)

测量指标	VIF	外部权重	STDEV	T 值	P 值	Significance
PPAP_1→PPAP	1.717	0.053	0.126	0.419	0.675	保留
PPAP_2→PPAP	1.062	0.377	0.098	3.845	0.000	***
PPAP_3→PPAP	1.054	0.429	0.107	3.999	0.000	***
PPAP_4→PPAP	1.113	0.256	0.117	2.194	0.028	*
PPAP_5→PPAP	1.702	0.571	0.115	4.975	0.000	***
LC_MC→LC	1.025	0.250	0.049	5.076	0.000	***
LC_FC→LC	1.012	0.234	0.045	5.225	0.000	***
LC_HC→LC	1.014	0.741	0.040	18.637	0.000	***
LC_SC→LC	1.008	0.461	0.057	8.112	0.000	***
BI_1→BI	1.524	0.003	0.056	0.048	0.962	保留

续表

测量指标	VIF	外部权重	STDEV	T 值	P 值	Significance
BI_2→BI	2.485	0.404	0.079	5.125	0.000	***
BI_3→BI	3.168	0.581	0.084	6.943	0.000	***
BI_4→BI	1.016	0.275	0.048	5.744	0.000	***
LS_1→LS	1.050	0.486	0.051	9.449	0.000	***
LS_2→LS	1.054	0.621	0.054	11.528	0.000	***
LS_3→LS	1.025	0.339	0.075	4.509	0.000	***
LS_4→LS	1.013	0.163	0.060	2.734	0.006	**

资料来源：作者根据 Smart PLS 3.0 软件的计算结果统计得出。

注：*** 表示 $P<0.001$、** 表示 $0.001 \leqslant P<0.01$、* 表示 $0.01 \leqslant P<0.05$ 的情况下显著。

5.2.2 结构模型检验

对于结构模型的检验主要从变量的多重共线性检验、路径系数的显著性检验、决定系数检验以及预测相关性系数检验入手。表 5-4 显示了本书结构模型的检验结果。由于各路径 VIF 值均介于 0.2 至 5 之间，所以结构模型中不存在多重共线性问题。路径系数的显著性检验结果表明，本书提出的所有潜变量之间的路径系数均在 5% 的水平上显著。此外，在使用偏最小二乘法评估的结构方程模型检验中，其内生变量的决策系数(R^2)值越大，表明其解释力度越大；其预测相关性系数(Q^2)大于临界值 0，代表该结构模型具有较强的预测相关性。其中，作为经验法则，若内源性潜在变量的 R^2 为 0.75、0.5、0.25，则分别表示其解释力度为较强、适度以及较弱[208]。如表 5-5 所示，在本书所构建的结构模型中，内生潜变量(即生计结果)的 R^2 值为 0.582，表示该结构方程模型具有较强的解释力度；模型中内生变量的 Q^2 值均大于 0，且分别为 0.006、0.016、0.010、0.044 和 0.335，表明本书结构模型各内生潜变量的预测相关性较好。

表 5-4　结构模型路径检验结果-路径系数

路径	VIF	路径系数	STDEV	T 值	P 值	Significance	接受/拒绝
PPAP→LO	1.102	0.062	0.026	2.435	0.015	*	接受
PPAP→LC	1.000	0.159	0.037	4.321	0.000	***	接受
PPAP→TI	1.000	0.151	0.030	5.042	0.000	***	接受
PPAP→BI	1.000	0.126	0.033	3.837	0.000	***	接受
PPAP→LS	1.030	0.246	0.030	8.118	0.000	***	接受
TI→LO	1.233	0.218	0.026	8.247	0.000	***	接受
TI→LS	1.138	0.091	0.023	4.001	0.000	***	接受
BI→LO	1.391	0.346	0.026	13.292	0.000	***	接受
BI→LS	1.130	0.197	0.034	5.857	0.000	***	接受
LC→LO	1.505	0.208	0.026	8.053	0.000	***	接受
LS→LO	1.196	0.278	0.033	8.418	0.000	***	接受

资料来源：作者根据 Smart PLS 3.0 软件的计算结果统计得出。

注：*** 表示 $P<0.001$、** 表示 $0.001 \leqslant P<0.01$、* 表示 $0.01 \leqslant P<0.05$ 的情况下显著。

表 5-5　结构模型的预测相关性与效应量检验结果

系数	LC		TI		BI		LS		LO	
R^2	0.025		0.023		0.016		0.139		0.582	
Q^2	0.006		0.016		0.010		0.044		0.335	
效应量	f^2	q^2	f^2	q^2	f^2	q^2	f^2	q^2	f^2	q^2
PPAP	0.026	0.006	0.023	0.016	0.016	0.010	0.068	0.020	0.008	0.008
TI	—	—	—	—	—	—	0.009	0.003	0.092	0.033
BI	—	—	—	—	—	—	0.040	0.009	0.206	0.077
LC	—	—	—	—	—	—	—	—	0.069	0.024
LS	—	—	—	—	—	—	—	—	0.155	0.048

资料来源：作者使用 Smart PLS 3.0 软件计算得出。

综上所述，本书所构建的测量模型通过了多重共线性检验和路径系数的显著性检验，且模型拟合效果良好，适合进行进一步检验。

　　本研究使用偏最小二乘法结构方程模型(PLS-SEM)对本书所构建的概念模型中的各项研究假设进行了验证，采用了Bootstrapping技术对系数的显著性进行统计推断，以验证本书提出的研究假设。检验结果显示，PPAP对贫困家庭的生计资本、内生动力、生计策略和生计结果均产生显著的影响；内生动力对生计策略和生计结果也产生了显著的正向影响，其中，包括思想动力对生计策略和生计结果的显著影响以及行为动力对生计策略和生计结果的显著影响。此外，贫困家庭的生计资本和生计策略对生计结果也产生了显著的正向作用(图5-1)。

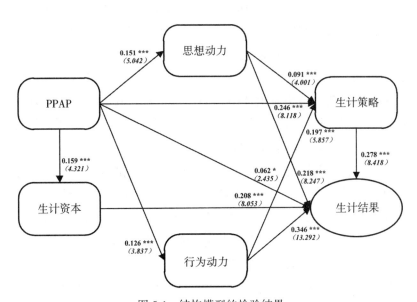

图 5-1　结构模型的检验结果

注：*** 表示 $P<0.001$，$T>2.57$；** 表示 $0.001 \leqslant P<0.01$，$T>1.96$；* 表示 $0.01 \leqslant P<0.05$，$T>1.65$(T 值在括号中)。

　　具体来说，PPAP 对农户生计资本、生计策略和生计结果均显著，路径系数分别为 0.159（$P<0.001$）、0.246（$P<0.001$）、0.062（$0.01 \leqslant P<0.05$）；PPAP 对农村贫困人口的内生动力的影响也显著，对思想动力的作用系数为 0.151（$P<0.001$），对行为动力的作用系数为 0.126（$P<0.001$），表明了 PPAP 不仅可以显著增强农户生计资本、生计策略和生计结果，还对农村贫困人口内生动力的提升产生显著的正向作用，包括思想动力和行为动力。贫困人口的内生动力对生计策略的影响显著，其中，思想动力对生计策略的作用系数为 0.091（$P<0.001$），行为动力对生计策略的作用系数为 0.197（$P<0.001$）。贫困人口内生动力对生计结果的影响也显著，其中，思想动力对生计结果的作用系数为 0.218（$P<0.001$），行为动力对生计结果的作用系数为 0.346（$P<0.001$）。上述路径检验结果表明，贫困人口内生动力的培育可以显著增强贫困家庭的生计策略选择，并改善贫困家庭的生计结果，进而提高其生活质量。此外，贫困家庭的生计资本和生计策略也对其生计结果产生了显著的正向影响。其中，生计资本对生计结果的作用系数为 0.208（$P<0.001$），而生计策略对生计结果的作用系数为 0.278（$P<0.001$）。因此，对于农村贫困家庭来说，其生计资本的积累和生计策略的增强可有效改善农户的生计结果。

　　从路径系数视角分析来看，在受 PPAP 影响的生计资本、生计策略、生计结果、思想动力以及行为动力五个变量中，PPAP 对生计策略的作用系数最大，其次为生计资本、思想动力和行为动力，PPAP 对生计结果的影响系数最小。因此，本书认为 PPAP 对农村贫困家庭生计策略的改善作用最大，即 PPAP 发展越好，越能提升贫困家庭生计策略。相比之下，PPAP 对贫困家庭生计结果的改善作用相对较小。可能的原因在于，中国的光伏扶贫项目是一项政府主导的扶贫产业，其最主要的扶贫方式是发放项目补贴，进而促进贫困家庭摆脱贫困，而这种简单且单一的增收方式可能对贫困家庭生计结果的改善相对较小。但是，从总体上来看，PPAP 发展对贫困家庭生计结果的改善具有显著的促进作用。在 PPAP 发展的测量模型指标构成中，PPAP 收益预期保障与资源配置效应对 PPAP 发展构成的贡献度最大，其次为 PPAP 环境效应和参与式发展，PPAP 长效性导向的影响则较小。

从内生动力发挥效能来看，相比于内生动力对生计策略的影响系数，不论是思想动力还是行为动力，其对生计结果的作用系数均相对较大，且显著。因此，本书认为贫困人口的内生动力可有效促进贫困家庭生计结果的改善，即贫困人口内生动力的培育可促进减贫。此外，与思想动力相比，行为动力对生计策略和生计结果的影响略微较大。可能的解释是，在贫困人口减贫的过程中，个体的能力比态度或许更为重要。贫困人口的技能培训参与度、自我发展的能力和抵御风险的能力更能促进其生计状态的改善，进而推动贫困人口摆脱贫困。

5.2.3 中介效应检验

由上述路径系数分析可知，PPAP 对贫困家庭生计结果影响的路径系数较小，而生计资本、思想动力、行为动力、生计策略四个变量对生计结果的作用路径系数均相对较大。那么，PPAP 是否通过这四个变量的中介作用，对贫困家庭生计结果产生影响？也就是说生计资本、思想动力、行为动力、生计策略四个变量，是否是 PPAP 作用于贫困家庭生计结果的中介变量呢？本书进一步对这些中介效应是否存在以及各中介效应的类型进行了检验。

Baron 和 Kenny 认为，当变量 Y_2 满足以下条件时，它就起到了中介作用[211]：自变量 Y_1 的变化显著地解释了中介变量 Y_2 的变化（如图 5-2 中的路径 P_{12}）；中介变量 Y_2 的变化显著地解释了因变量 Y_3 的变化（如图 5-2 中的路径 P_{23}）；当路径 P_{12} 和 P_{23} 被控制时，自变量和因变量之间先前显著的关系（如图 5-2 中的路径 P_{13}）就发生显著变化。

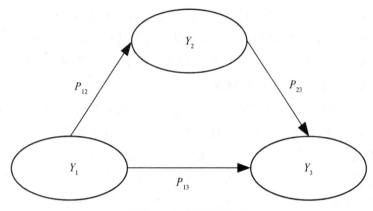

图 5-2　中介作用示意图

　　然而，本书中涉及的中介效应属于多个并列的中介变量，有鉴于此，本书采用 Bootstrap 方法进行多个并列中介效应检验。该方法的优点在于可检验在剔除其他中介作用后单个中介作用的大小。具体来看，首先将本书 1112 个样本作为 Bootstrap 总体，有放回重复随机抽取的 5000 个 Bootstrap 样本；其次对 5000 个样本模型拟合，得到 5000 个中介效应评估值；再次将其从小到大排序，百分位点为 2.5 和 97.5 构成了一个置信度为 95% 的中介效应的置信区间；若该区间内未包含 0 值，则中介效应显著；最后通过计算方差占比（Variance Accounted For，VAF），对上述可能存在的中介效应类型进行检验。本书使用 Smart PLS 3.0 软件进行检验，步骤如下：

　　（1）在 PLS 路径模型中不包括中介变量的情况下，评估直接影响的显著性；

　　（2）若显著，在包括中介变量的 PLS 路径模型中，评估间接影响的显著性；

　　（3）若显著，计算方差占比 VAF 值。检验结果如表 5-6 所示。

　　由表 5-6 可知，直接影响路径（PPAP→LO 和 PPAP→LS）均在 1% 的水平上显著。此外，在 PPAP 对生计结果影响的四个间接影响路径中，置信区间内均不包含 0，表明 PPAP 对农村贫困家庭生计结果的间接影响是显著的。同样，在 PPAP 对生计策略影响的两个间接影响路径中，置信区间内均不包含 0，这表明 PPAP 对生计策略的间接影响也显著的。

然后，通过计算方差占比(VAF)值可知，PPAP 对农村贫困家庭生计结果的影响，部分通过中介变量内生动力来实现，即 PPAP 对农户生计结果存在一定程度的间接影响。其中，思想动力的中介效应占总效应的比值为 34.7%，行为动力的中介效应占总效应的比值为 41.3%。PPAP 对生计结果的影响部分通过中介变量农户生计资本来实现，表明 PPAP 对农村贫困家庭生计结果存在一定程度的间接影响，即 PPAP 作用的发挥，有 34.8%需要借助农户生计资本的积累来实现。同时，PPAP 对生计结果的影响部分通过中介变量农户生计策略来实现，即 PPAP 对农村贫困家庭生计结果的改善存在一定程度的间接影响，且 PPAP 减贫作用的发挥，有 52.4%需要借助农户生计策略的强化来实现。此外，本书还检验了内生动力作为中介变量对 PPAP 和生计策略之间关系的影响，但是检验结果表明无中介效应(表 5-6)。

表 5-6 PPAP 减贫模型的中介效应检验结果

中介效应路径	显著性	95%置信区间		VAF 值	中介效应类型
		下限	上限		
PPAP→TI→LO	***	0.018	0.049	0.347	部分中介效应
PPAP→BI→LO	***	0.019	0.064	0.413	部分中介效应
PPAP→LC→LO	***	0.016	0.050	0.348	部分中介效应
PPAP→LS→LO	***	0.045	0.093	0.524	部分中介效应
PPAP→LO	***	0.241	0.334	—	—
PPAP→TI→LS	**	0.007	0.023	0.053	无中介效应
PPAP→BI→LS	**	0.010	0.041	0.092	无中介效应
PPAP→LS	***	0.221	0.339	—	—

资料来源：作者根据 Smart PLS 3.0 软件的计算结果统计得出。

注：*** 表示 $P<0.001$、** 表示 $0.001 \leqslant P<0.01$、* 表示 $0.01 \leqslant P<0.05$ 的情况下显著。

5.2.4　重要性-绩效映射图分析

重要性-绩效映射图分析(Importance-performance map analysis，IPMA)，也被称作重要性-绩效矩阵分析(Importance-performance matrix analysis，IPMA)。IPMA 强调重要性维度路径系数，同时考虑了潜变量和对应观测变量的平均值，以提取绩效较高的关键因子[212]。对于在分析中代表一个关键目标构念的特定内生潜在变量，IPMA 对比了结构模型的总体影响(即重要性)和潜在变量得分的平均值(即绩效)，以突出模型的具体重点[208]。

重要性-绩效矩阵分析(IPMA)从重要性(importance)和绩效(performance)两个维度对需要评估的变量进行相对位置比较，将重要性和绩效的平均值呈现在一个二维矩阵中[213]。因此，潜变量的影响因素可分为：高重要性高绩效、高重要性低绩效、低重要性高绩效和低重要性低绩效四种类型。在重要性-绩效矩阵分析(IPMA)中，重要性维度代表测量指标的总效应，绩效维度则代表各测量模型的平均值，即指标值越高绩效水平越高[212]。在此规则下，识别出各测量变量或测量指标对目标潜变量的关键贡献意义重大。而那些具有相对高的贡献的外生潜变量(即那些有很强总效应的外生变量)，同时又对应比较低的绩效值(即较低的潜变量得分)将成为识别的关键影响因素。具体来看：

(1)IPMA 需满足的三个条件：PLS-SEM 中的所有指标均需采用度量标准；指标的测度方向需保持一致；指标的外部权重值均需为正。

(2)绩效值：为了使绩效值具有可比性，在对指标计算结构均值时，需将各项指标进行量纲化处理。IPMA 采用百分制将测量指标值转换为 0~100 的值(即 0 为最差，100 为最优)，以使指标达到量纲化。然后，使用 PLS 路径模型得到各指标的标准化外部权重，并估计标准差。百分制量纲后的指标与标准化后的外部权重乘积就是潜变量的绩效得分值。

（3）重要性程度：在结构模型估计中，通过提取两个构念之间总效应的估值来确定结构模型中构念的相对重要性，两个构念之间的直接效应和所有间接效应的加总构成其总效应。IPMA 用另一个维度扩展了这些 PLS-SEM 结果，其中包括每个构念的实际性能。在 PLS-SEM 中，总效应是由 PLS 路径模型估计得到的。IPMA 借鉴了非标准化效应以测量外生潜变量对内生潜变量的解释。因此，本书利用非标准化效应来判断模型中若某一外生变量增加一个单位，导致其所影响的内生显变量的绩效值增加的总效应如何。在 PLS-SEM 中，IPMA 对总效应的显著性估计是通过 Bootstrapping 技术实现的。

（4）映射图：重要性-绩效矩阵分析（IPMA）采用映射图的方式构建二维坐标图，将重要性程度和绩效值相结合。其中，X 坐标代表重要性程度（即非标准化下的总效应），Y 坐标表示绩效值（即百分制量纲后的绩效得分）。因此，在重要性-绩效映射图中，X 轴表示解释变量对被解释变量的重要性程度，Y 轴表示被解释变量调整后潜变量得分的均值。

尽管 IPMA 依靠其所具有的较强的可操作性和其所识别的准确性，被广泛应用于许多研究领域[214-216]，然而，在减贫方面的应用涉及相对较少。本书基于偏最小二乘法结构方程模型（PLS-SEM）分析，将重要性-绩效矩阵分析（IPMA）引入减贫研究领域，以突出 PPAP 减贫机制模型中的重点，在上述分析的基础上，利用重要性-绩效矩阵分析（IPMA）对 PPAP 减贫效应进行分析，并对关键指标之间的关系加以识别判断。

1. 潜变量层面

本书分别从潜变量层面和显变量层面对 PPAP 可持续减贫路径中各变量的影响关系进行了分析，重要性-绩效映射图如图 5-3（潜变量层面）和图 5-4（显变量层面）所示。由图 5-3 可知，在潜变量层面，对于农村贫困家庭生计结果的改善来说，提高贫困农户行为动力的减贫绩效最大，其次是生计策略。相比之下，农户生计资本对贫困家庭生计结果的绩效值较小。然而，从农村贫困家庭的生计策略的增强来说，PPAP 对农村贫困家庭生计策略的改善绩效最

105

大，其次是行为动力和思想动力。

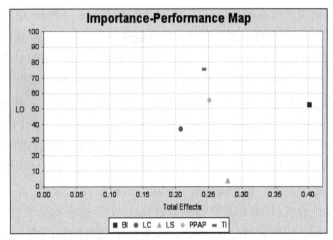

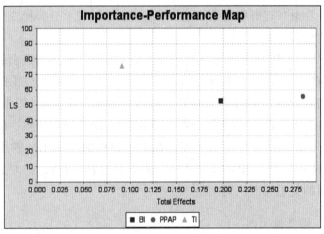

图 5-3 生计结果和生计策略分析结果（潜变量层）

2. 显变量层面

图 5-4 显示了各指标对农村贫困家庭生计结果和生计策略的影响关系。对于农村贫困家庭的生计结果的改善来说，增加贫困家庭人力资本积累的减贫绩效最大，社会资本积累次之，PPAP 的收益

预期保障以及提高农户金融资本的积累对农村贫困家庭生计结果的
改善的影响排名第三。相比之下,其他指标对贫困家庭生计结果的
绩效值相对较小。从农村贫困家庭的生计策略的增强来说,PPAP
的收益预期保障对农村贫困家庭生计策略的改善绩效最大,其次是
PPAP 的环境效应、资源配置效应以及贫困人口的自我发展能力,
而光伏扶贫项目的长效绩效导向和参与式发展对农村贫困家庭生计
策略改善的绩效值相对较小。

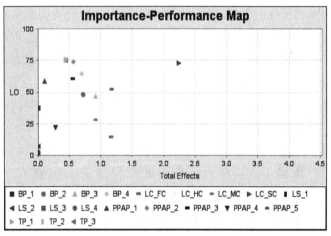

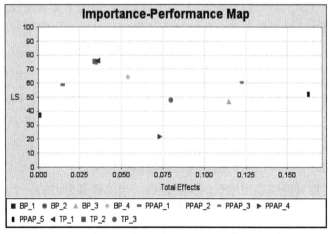

图 5-4 生计结果和生计策略分析结果(显变量层)

5.3　基于贫困家庭特征的多组对比分析

5.3.1　贫困家庭特征对光伏扶贫项目减贫的影响与假设

　　相对于同质性来说，个体特征是指个体之间的异质性，即不同个体在同一属性上表现出的不同特征[217,218]。当前我国脱贫攻坚任务已经完成并进入实现乡村振兴战略目标的后扶贫时代，以经济增长为目标的脱贫政策或措施的减贫效应逐渐减弱。随着扶贫政策与乡村振兴的进一步推进，贫困人口个体异质性将逐渐成为预防返贫的关键因素[161]。因此，个体内部异质性已成为后扶贫时代研究的焦点。与富裕家庭相比，低收入家庭的收入结构相对简单，收入增长受到多种因素的制约。已有研究表明，居民的个体特征，如受教育水平、年龄、性别等对家庭增收产生显著的影响[219]。尹飞霄[220]认为，居民的异质性对缓解贫困越来越重要，尤其是农村贫困人口的教育程度、家庭劳动力等方面。孙巍等[161]的研究将个体的差异性引入到贫困分解的研究中，以探讨居民个体异质性对缓解贫困所产生的效应。其研究结果表明异质性效应可以降低贫困的深度和强度，降低贫困发生率，增强减贫效应。吴奶金等[221]认为，对贫困家庭收入特征的分析是审视扶贫成效的新视角，收入结构的优化可以促进贫困家庭收入的可持续增长，进而促进减贫。Hastie[222]的研究表明包括性别、年龄、接受福利、平等主义、保守主义、个人主义等个体特征对缓解贫困备选方案的支持程度产生显著的影响。此外，在加快农村能源消费转型以促进减贫的进程中，节能实践是实现可持续稳定增长的重要途径。当前政策努力的一个关键挑战是促进家庭节能行动，并确定影响个人节能的关键因素[138,223]。有学者探讨了农村贫困家庭的能源选择、节能行为以及作为当前工业扶贫开发组成部分的 PPAP 的蓬勃发展之间的关系[138]。

1. 贫困家庭收入结构与光伏扶贫项目减贫

贫困家庭收入水平和收入结构在很大程度上决定了一个家庭的贫困程度。与普通农户家庭的收入结构相比，贫困家庭的收入结构相对单一，收入增长受多重因素制约[224,225]。自精准扶贫政策实施以来，在农村贫困家庭的收入结构中，公共转移收入发挥了一定的减贫效果[226,227]。村级 PPAP 最直接的扶贫方式便是通过将光伏项目的发电收入以补贴的形式发放给贫困家庭，因此，贫困家庭的收入结构可能是影响 PPAP 对农户减贫的重要因素。徐定德等[228]和李文静[229]依据农业收入（包括经济作物种植、林木业种植、畜牧业养殖等农业活动所获的收入总额）占家庭总收入（包括工资性收入、家庭经营收入以及转移支付）的比值，将农村贫困家庭的收入结构划分为纯农型、农业主导型、非农主导型、非农型四类。四种类型农户家庭收入结构所对应的农业活动总收入占家庭总收入的比值分别为：大于 90% 以上、50% 至 90%、10% 至 50% 以及 10% 以下。

基于此，本书假设农业收入占比较高的贫困家庭与农业收入占比较低的贫困家庭在"光伏扶贫项目对农户减贫的影响路径"方面存在差异。为此，本书借鉴上述文献的做法并运用前文所构建的结构方程模型对低农业收入占比（农业活动收入占比 ≤10%）与高农业收入占比（农业活动收入占比 >10%）的农村贫困家庭进行多组比较分析。

2. 贫困家庭节能习惯与光伏扶贫项目减贫

PPAP 被认为是减轻贫困和减少环境污染的新途径，而个体的节能行为对减少环境污染息息相关。贫困家庭节能行为的差异可能对 PPAP 的减贫效应产生交互影响作用[230]。一方面，在农村地区实施 PPAP 可以提升农村贫困家庭的环保意识并促进贫困家庭对太阳能等清洁能源的使用，另一方面，这种 PPAP 所引发的生态环保意识和感知行为控制对节能行为有显著的积极影响[138]。此外，个体特征的异质性不仅对贫困人口减贫产生不可避免的影响，对节能行为也会产生显著的影响[231-233]。其中，教育起到了积极的作用，女性和老年人则更易接受教育[234,235]。因此，个体的节能行为可能是影响 PPAP 减贫的因素之一。本书采用李克特五点量表对农村贫困家庭的节能习惯进行测度，具体指标说明见附录 B。

基于此，本书假设节能习惯较高的贫困家庭与节能习惯较低的贫困家庭在"光伏扶贫项目对农户减贫的影响路径"方面存在差异。为此，本书运用前文所构建的结构方程模型对拥有低节能行为(节能习惯得分≤4)与高节能行为(节能习惯得分>4)的农村贫困家庭进行多组比较分析。本书通过计算样本节能习惯指标均值得到节能习惯得分。

3. 学历与光伏扶贫项目减贫

农户的个体特征影响其自身的发展，如受教育程度决定了他们的职业与收入，进而影响贫困户的减贫效果。此前，许多学者已将农户个体特征中的受教育程度作为影响减贫的重要因素进行研究。洪兴建等[236]认为居民人口结构特征，如家庭规模和受教育程度会对贫困产生影响，姚洪心等[237]的研究表明劳动力转移、文化程度等因素对农户脱贫产生显著影响。一些研究发现与受教育程度相关的农户异质性特征是引起收入不均等的内在原因[238]，且这种异质效应对贫困家庭减贫产生了正向作用[239]。

基于此，本书假设平均受教育程度较高的贫困家庭与受教育程度较低的贫困家庭在"光伏扶贫项目对农户减贫的影响路径"方面存在差异。为此，本书运用前文所构建的结构方程模型对低受教育水平家庭(小学及以下学历)与高受教育水平家庭(小学以上学历)进行多组比较分析。

4. 年龄与光伏扶贫项目减贫

通常情况下，对于从事农业生产经营的农户来说，年长者拥有更为丰富的生产管理经验和成熟的生产技艺，将有助于家庭增收减贫。但是，随着其年龄的不断增加，农民表现出生产决策方面的相对保守，对新事物和新技术等的接受、理解能力逐渐退化，他们大多缺乏冒险精神，进而阻碍家庭增收减贫[240]。因此，年龄变量可能是影响 PPAP 减贫的重要因素。廖文梅等[241]按照户主年龄是否高于 60 岁进行分组回归，结果表明劳动力转移人数对家庭收入的影响在户主年龄高于 60 岁的样本中边际作用更明显且更容易摆脱贫困。

基于此，本书假设平均年龄较大的家庭与平均年龄较小的家庭在"光伏扶贫项目对农户减贫的影响路径"方面存在差异。为此，本书运用前文所构建的结构方程模型对平均年龄较小的家庭(平均年龄在 40 岁及以下)与平均年龄较大的家庭(平均年龄在 40 岁以上)进行多组比较分析。

本书以建档立卡贫困户为研究对象，以贫困家庭为研究单位，分别对家庭收入结构、家庭节能习惯、家庭成员学历水平以及家庭平均年龄四个方面进行多组对比分析，进一步探索 PPAP 在不同分组中的减贫作用。

5.3.2 基于贫困家庭收入结构特征的分析

本书根据样本家庭收入结构的分布特征，将所有 1112 个样本分为两个组，即家庭农业收入占比≤10%的样本为一组，农业收入占比>10%的样本为一组，然后采用 PLS-SEM 进行多组对比分析和中介效应分析。

1. 不同农业收入占比的多组对比分析

本书运用 PLS-SEM 的多组对比分析法对不同农业收入占比家庭的两组数据进行估计，结果如表 5-7 所示。对于农业收入占比 >10% 的家庭来说，PPAP 对农户生计资本、生计结果、思想动力的影响不显著，但对于农业收入占比≤10%的家庭而言，PPAP 对农户生计资本、生计结果、思想动力的影响显著。因此，PPAP

对非农型农户的生计资本、生计结果、思想动力所产生的影响要明显高于对农业收入占比相对较高的农户的影响。

表 5-7　家庭收入结构维度模型的结构方程模型检验结果

假设	农业收入占比≤10%			农业收入占比>10%		
	路径系数	P	接受/拒绝	路径系数	P	接受/拒绝
PPAP→LO	0.087	**	接受	0.019	NS	拒绝
PPAP→LC	0.193	***	接受	0.122	NS	拒绝
PPAP→TI	0.166	***	接受	0.122	NS	拒绝
PPAP→BI	0.123	**	接受	0.142	*	接受
PPAP→LS	0.190	***	接受	0.326	***	接受
TI→LO	0.242	***	接受	0.139	**	接受
TI→LS	0.084	**	接受	0.077	NS	拒绝
BI→LO	0.370	***	接受	0.263	***	接受
BI→LS	0.138	**	接受	0.259	***	接受
LC→LO	0.205	***	接受	0.201	***	接受
LS→LO	0.221	***	接受	0.450	***	接受
N	751			361		

资料来源：作者使用 Smart PLS 3.0 软件计算得出。

注：*** 表示 $P<0.001$、** 表示 $0.001 \leqslant P<0.01$、* 表示 $0.01 \leqslant P<0.05$ 的情况下显著。

此外，对于农业收入占比>10%的家庭来说，思想动力对农户生计策略的影响不显著，但对农业收入占比≤10%的家庭的生计策略影响显著，这表示思想动力对非农型农户的生计策略产生的影响高于对其他收入结构类型农户的影响。

综上，不同农业收入占比分组的光伏扶贫项目减贫机制模型如图 5-5 所示。

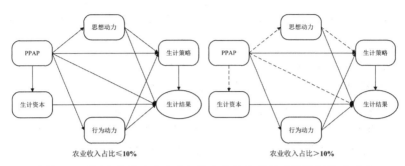

图 5-5 不同农业收入占比分组的光伏扶贫项目减贫机制模型对比

2. 不同农业收入占比分组的中介作用检验

首先，本书对农业收入占比≤10%模型中的思想动力、行为动力、生计资本、生计策略四个潜变量的中介作用进行了检验，结果如表 5-8 所示。其结果表明，对于农业收入占比≤10%的家庭来说，PPAP 对生计结果的影响部分通过中介变量内生动力来实现，即 PPAP 对农村贫困家庭生计结果的改善存在一定程度的间接影响，且思想动力的中介效应占总效应的比值为 31.6%，行为动力的中介效应占总效应的比值为 34.3%。同时，PPAP 对生计结果的

表 5-8 农业收入占比≤10%的中介作用

中介效应路径	显著性	95%置信区间		VAF 值	中介效应类型
		下限	上限		
PPAP→TI→LO	***	0.021	0.064	0.316	部分中介效应
PPAP→BI→LO	**	0.012	0.072	0.343	部分中介效应
PPAP→LC→LO	***	0.021	0.060	0.313	部分中介效应
PPAP→LS→LO	**	0.017	0.070	0.326	部分中介效应
PPAP→LO	***	0.216	0.339	—	—

资料来源：作者使用 Smart PLS 3.0 软件计算得出。

注：*** 表示 $P<0.001$、** 表示 $0.001\leqslant P<0.01$、* 表示 $0.01\leqslant P<0.05$ 的情况下显著。

影响部分通过中介变量生计资本和生计策略来实现，即 PPAP 对农村贫困家庭生计结果的改善存在一定程度的间接影响，且 PPAP 作用的发挥有 31.3% 需要借助农户生计资本的积累来实现，有32.6% 需要借助农户生计策略的强化来实现。

其次，本书对农业收入占比>10%模型中的思想动力、行为动力、生计资本、生计策略四个潜变量的中介作用同样进行了检验，结果如表 5-9 所示。其结果表明，在 PPAP 对生计结果影响的四个间接路径中，思想动力、行为动力和生计资本的中介作用不显著（置信区间内均包含 0）；但 PPAP 对生计结果的影响完全通过中介变量生计策略来实现，即 PPAP 对农村贫困家庭生计结果的改善存在一定程度的间接影响，且生计策略的中介效应占总效应的比值为 88.5%。

表 5-9 农业收入占比>10%的中介作用

中介效应路径	显著性	95%置信区间		VAF 值	中介效应类型
		下限	上限		
PPAP→TI→LO	NS	-0.004	0.044	—	无中介效应
PPAP→BI→LO	NS	-0.002	0.070	—	无中介效应
PPAP→LC→LO	NS	-0.010	0.050	—	无中介效应
PPAP→LS→LO	***	0.082	0.210	0.885	完全中介效应
PPAP→LO	***	0.243	0.411	—	—

资料来源：作者使用 Smart PLS 3.0 软件计算得出。

注：*** 表示 $P<0.001$、** 表示 $0.001 \leqslant P<0.01$、* 表示 $0.01 \leqslant P<0.05$ 的情况下显著。

5.3.3 基于贫困家庭节能习惯特征的分析

本书根据样本的家庭节能习惯，将所有1112个样本分为两个

组，即家庭节能习惯得分≤4 的样本为一组，节能习惯得分>4 的
样本为一组，然后采用 PLS-SEM 进行多组对比分析和中介效应
分析。

1. 不同节能习惯的多组对比分析

本书运用 PLS-SEM 的多组对比分析法对家庭不同节能习惯的
两组数据进行估计，结果如表 5-10 所示。

表 5-10　家庭节能习惯维度模型的结构方程模型检验结果

假设	节能习惯得分≤4			节能习惯得分>4		
	路径系数	P	接受/拒绝	路径系数	P	接受/拒绝
PPAP→LO	0.065	NS	拒绝	0.066	*	接受
PPAP→LC	0.255	***	接受	0.093	NS	拒绝
PPAP→TI	0.177	***	接受	0.130	**	接受
PPAP→BI	0.138	*	接受	0.128	**	接受
PPAP→LS	0.145	**	接受	0.287	***	接受
TI→LO	0.203	***	接受	0.228	***	接受
TI→LS	0.106	**	接受	0.086	**	接受
BI→LO	0.333	***	接受	0.350	***	接受
BI→LS	0.133	*	接受	0.235	***	接受
LC→LO	0.238	***	接受	0.219	***	接受
LS→LO	0.221	***	接受	0.274	***	接受
N	461			651		

资料来源：作者使用 Smart PLS 3.0 软件计算得出。

注：*** 表示 $P<0.001$、** 表示 $0.001≤P<0.01$、* 表示 $0.01≤P<0.05$ 的情
况下显著。

对于节能习惯得分≤4 的家庭来说，PPAP 对农户生计结果的影响不显著。但对于节能习惯得分>4 的家庭而言，PPAP 对农户生计结果的影响显著。因此，PPAP 对高节能习惯家庭的生计结果所产生的影响要明显高于对低节能习惯家庭的影响。此外，对于节能习惯得分≤4 的家庭来说，PPAP 对农户生计资本的影响显著，但对于节能习惯得分>4 的家庭而言，PPAP 对农户生计资本的影响不显著。所以，PPAP 对低节能习惯家庭的生计资本积累所产生的影响大于对高节能习惯家庭的影响。综上，不同节能习惯分组的光伏扶贫项目减贫机制模型如图 5-6 所示。

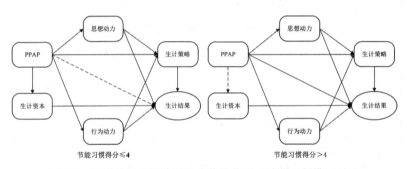

图 5-6 不同节能习惯分组的光伏扶贫项目减贫机制模型对比

2. 不同节能习惯分组的中介作用检验

首先，本书对节能习惯得分≤4 模型中的思想动力、行为动力、生计资本、生计策略四个潜变量的中介作用进行了检验，结果如表 5-11 所示。其结果表明，对于节能习惯得分≤4 的家庭来说，PPAP 对生计结果的影响部分通过中介变量内生动力来实现，且思想动力的中介效应占总效应的比值为 35.6%，行为动力的中介效应占总效应的比值为 41.4%。同时，PPAP 对生计结果的影响部分通过中介变量生计资本和生计策略来实现，且 PPAP 作用的发挥有48.3%需要借助农户生计资本的积累来实现，有 33.0%需要借助农户生计策略的强化来实现。

表 5-11 节能习惯得分≤4 的中介作用

中介效应路径	显著性	95%置信区间		VAF 值	中介效应类型
		下限	上限		
PPAP→TI→LO	**	0.015	0.063	0.356	部分中介效应
PPAP→BI→LO	*	0.002	0.078	0.414	部分中介效应
PPAP→LC→LO	**	0.029	0.095	0.483	部分中介效应
PPAP→LS→LO	*	0.005	0.060	0.330	部分中介效应
PPAP→LO	***	0.244	0.389	—	—

资料来源：作者使用 Smart PLS 3.0 软件计算得出。

注：*** 表示 $P<0.001$、** 表示 $0.001 \leqslant P<0.01$、* 表示 $0.01 \leqslant P<0.05$ 的情况下显著。

接着，本书同样对节能习惯得分>4 模型中的思想动力、行为动力、生计资本、生计策略四个潜变量的中介作用进行了检验，结果如表 5-12 所示。其结果表明，对于节能习惯得分>4 的家庭来说，PPAP 对生计结果的影响部分通过中介变量内生动力来实现，且

表 5-12 节能习惯得分>4 的中介作用

中介效应路径	显著性	95%置信区间		VAF 值	中介效应类型
		下限	上限		
PPAP→TI→LO	**	0.010	0.050	0.310	部分中介效应
PPAP→BI→LO	**	0.013	0.072	0.404	部分中介效应
PPAP→LC→LO	NS	-0.005	0.040	—	无中介效应
PPAP→LS→LO	***	0.049	0.109	0.544	部分中介效应
PPAP→LO	***	0.234	0.355	—	—

资料来源：作者使用 Smart PLS 3.0 软件计算得出。

注：*** 表示 $P<0.001$、** 表示 $0.001 \leqslant P<0.01$、* 表示 $0.01 \leqslant P<0.05$ 的情况下显著。

思想动力的中介效应占总效应的比值为 31.0%，行为动力的中介效应占总效应的比值为 40.4%。同时，PPAP 对生计结果的影响部分通过中介变量生计策略来实现，即 PPAP 对农村贫困家庭生计结果的改善存在一定程度的间接影响，且 PPAP 减贫作用的发挥有 54.4% 需要借助农户生计策略的强化来实现。此外，在 PPAP 对生计结果的影响中，生计资本没有中介效应。

5.3.4 基于贫困家庭平均受教育程度特征的分析

本书根据样本的家庭平均受教育程度，将所有 1112 个样本分为两个组，即家庭平均受教育程度为小学及以下学历的样本为一组，家庭平均受教育程度为小学以上的样本为一组，然后采用 PLS-SEM 进行多组对比分析和中介效应分析。

1. 不同受教育程度的多组对比分析

本书运用 PLS-SEM 的多组对比分析法对家庭不同平均受教育程度的两组数据进行估计，结果如表 5-13 所示。其结果表明，对于平均受教育程度为小学及以下的家庭来说，PPAP 对农户生计结果的影响不显著。但对于平均受教育程度为小学以上的家庭而言，PPAP 对农户生计结果的影响显著。因此，PPAP 对较高平均学历家庭的生计结果所产生的影响要明显高于对低平均学历家庭的影响。

表 5-13　家庭成员学历水平维度模型的结构方程模型检验结果

假设	小学及以下学历			小学以上学历		
	路径系数	P	接受/拒绝	路径系数	P	接受/拒绝
PPAP→LO	0.017	NS	拒绝	0.084	*	接受
PPAP→LC	0.169	**	接受	0.091	NS	拒绝
PPAP→TI	0.144	**	接受	0.161	***	接受
PPAP→BI	0.144	**	接受	0.066	NS	拒绝
PPAP→LS	0.230	***	接受	0.262	***	接受

续表

假设	小学及以下学历			小学以上学历		
	路径系数	P	接受/拒绝	路径系数	P	接受/拒绝
TI→LO	0.256	***	接受	0.195	***	接受
TI→LS	0.073	*	接受	0.084	**	接受
BI→LO	0.342	***	接受	0.348	***	接受
BI→LS	0.309	***	接受	0.186	***	接受
LC→LO	0.197	***	接受	0.225	***	接受
LS→LO	0.261	***	接受	0.264	***	接受
N	525			587		

资料来源：作者使用 Smart PLS 3.0 软件计算得出。

注：*** 表示 $P<0.001$、** 表示 $0.001 \leqslant P<0.01$、* 表示 $0.01 \leqslant P<0.05$ 的情况下显著。

另外，对于平均受教育程度为小学及以下的家庭来说，PPAP对农户生计资本和行为动力的影响显著。但对于平均受教育程度为小学以上的家庭而言，PPAP 对农户生计资本和行为动力的影响不显著。所以，PPAP 对低学历家庭的生计资本积累所产生的影响大于对高学历家庭的影响。同时，PPAP 对低学历家庭的行为动力所产生的影响大于对高学历家庭的影响。综上所述，不同学历分组的光伏扶贫项目减贫机制模型如图 5-7 所示。

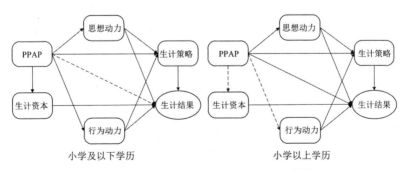

图 5-7 不同学历分组的光伏扶贫项目减贫机制模型对比

2. 不同受教育程度分组的中介作用检验

首先，本书对家庭成员学历水平为小学及以下模型中的思想动力、行为动力、生计资本、生计策略四个潜变量的中介作用进行了检验，结果如表 5-14 所示。其结果表明，对于平均学历为小学及以下的家庭来说，PPAP 对生计结果的影响部分通过中介变量内生动力来实现，即 PPAP 对农村贫困家庭生计结果的改善存在一定程度的间接影响，思想动力的中介效应占总效应的比值为 68.4%，行为动力的中介效应占总效应的比值为 74.3%。同时，PPAP 对生计结果的影响部分通过中介变量生计资本和生计策略来实现，且 PPAP 作用的发挥有 66.2% 需要借助农户生计资本的积累来实现，有 77.9% 需要借助农户生计策略的强化来实现。

表 5-14 小学及以下学历的中介作用

中介效应路径	显著性	95%置信区间		VAF 值	中介效应类型
		下限	上限		
PPAP→TI→LO	**	0.013	0.063	0.684	部分中介效应
PPAP→BI→LO	**	0.010	0.083	0.743	部分中介效应
PPAP→LC→LO	*	0.008	0.059	0.662	部分中介效应
PPAP→LS→LO	**	0.028	0.095	0.779	部分中介效应
PPAP→LO	***	0.178	0.308	—	—

资料来源：作者使用 Smart PLS 3.0 软件计算得出。

注：*** 表示 $P<0.001$、** 表示 $0.001 \leqslant P<0.01$、* 表示 $0.01 \leqslant P<0.05$ 的情况下显著。

其次，本书对家庭成员学历水平为小学以上模型中的思想动力、行为动力、生计资本、生计策略四个潜变量的中介作用进行了检验，结果如表 5-15 所示。其结果表明，对于平均学历为小学以上的家庭来说，PPAP 对生计结果的影响部分通过中介变量思想动力来实现，即 PPAP 对农村贫困家庭生计结果的改善存在一定程度的间接影响，且思想动力的中介效应占总效应的比值为 27.2%，行为动力则没有中介效应。同时，PPAP 对生计结果的影响部分通过中介变量生计策略来实现，即 PPAP 对农村贫困家庭生计结果的改善存在一定程度的间接影响，且 PPAP 减贫作用的发挥有 45.2% 需要借助农户生计策略的强化来实现。此外，在 PPAP 对生计结果的影响中，生计资本没有中介效应。

表 5-15　小学以上学历的中介作用

中介效应路径	显著性	95%置信区间		VAF 值	中介效应类型
		下限	上限		
PPAP→TI→LO	**	0.012	0.055	0.272	部分中介效应
PPAP→BI→LO	NS	−0.019	0.049	—	无中介效应
PPAP→LC→LO	NS	−0.007	0.040	—	无中介效应
PPAP→LS→LO	***	0.035	0.105	0.452	部分中介效应
PPAP→LO	***	0.211	0.347	—	—

资料来源：作者使用 Smart PLS 3.0 软件计算得出。

注：*** 表示 $P<0.001$、** 表示 $0.001 \leqslant P<0.01$、* 表示 $0.01 \leqslant P<0.05$ 的情况下显著。

5.3.5　基于贫困家庭平均年龄特征的分析

本书根据样本的家庭平均年龄，将所有 1112 个样本分为两个组，即家庭平均年龄为 40 岁及以下的样本为一组，家庭平均年龄为 40 岁以上的样本为一组，然后采用 PLS-SEM 进行多组对比分析和中介效应分析。

1. 不同年龄的多组对比分析

本书运用 PLS-SEM 的多组对比分析法对家庭不同平均年龄的

两组数据进行估计，结果如表 5-16 所示。其结果表明，对于平均年龄为 40 岁及以下的家庭来说，思想动力对农户生计策略的影响显著。但对于平均年龄为 40 岁以上的家庭而言，思想动力对农户生计策略的影响不显著。因此，思想动力对低龄家庭的生计策略所产生的影响要明显高于对高龄家庭的影响。

表 5-16　家庭平均年龄维度模型的结构方程模型检验结果

假设	平均年龄在 40 岁及以下			平均年龄在 40 岁以上		
	路径系数	P	接受/拒绝	路径系数	P	接受/拒绝
PPAP→LO	0.079	NS	拒绝	0.063	NS	拒绝
PPAP→LC	0.145	**	接受	0.156	**	接受
PPAP→TI	0.136	**	接受	0.152	***	接受
PPAP→BI	0.144	**	接受	0.128	**	接受
PPAP→LS	0.263	***	接受	0.221	***	接受
TI→LO	0.258	***	接受	0.181	***	接受
TI→LS	0.124	**	接受	0.059	NS	拒绝
BI→LO	0.382	***	接受	0.313	***	接受
BI→LS	0.154	**	接受	0.244	***	接受
LC→LO	0.163	***	接受	0.254	***	接受
LS→LO	0.270	***	接受	0.281	***	接受
N	466			646		

资料来源：作者使用 Smart PLS 3.0 软件计算得出。

注：*** 表示 $P<0.001$、** 表示 $0.001 \leqslant P<0.01$、* 表示 $0.01 \leqslant P<0.05$ 的情况下显著。

综上，不同年龄分组的光伏扶贫项目减贫机制模型如图 5-8 所示。

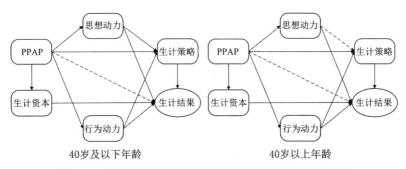

40岁及以下年龄　　　　　　　　　　40岁以上年龄

图 5-8　不同年龄分组的光伏扶贫项目减贫机制模型对比

2. 不同年龄分组的中介作用检验

首先，本书对家庭平均年龄在 40 岁及以下模型中的思想动力、行为动力、生计资本、生计策略四个潜变量的中介作用进行了检验。检验结果表明，对于平均年龄在 40 岁及以下的家庭来说，PPAP 对生计结果的影响部分通过中介变量内生动力来实现，即 PPAP 对农村贫困家庭生计结果的改善存在一定程度的间接影响，且思想动力的中介效应占总效应的比值为 30.8%，行为动力的中介效应占总效应的比值为 41.0%。同时，PPAP 对生计结果的影响部分通过中介变量生计资本和生计策略来实现，且 PPAP 作用的发挥有 23.0%需要借助农户生计资本的积累来实现，有 47.3%需要借助农户生计策略的强化来实现(表 5-17)。

表 5-17　平均年龄在 40 岁及以下的中介作用

中介效应路径	显著性	95%置信区间		VAF 值	中介效应类型
		下限	上限		
PPAP→TI→LO	*	0.008	0.065	0.308	部分中介效应
PPAP→BI→LO	**	0.007	0.088	0.410	部分中介效应
PPAP→LC→LO	*	0.004	0.042	0.230	部分中介效应
PPAP→LS→LO	**	0.028	0.114	0.473	部分中介效应
PPAP→LO	***	0.246	0.378	—	—

资料来源：作者使用 Smart PLS 3.0 软件计算得出。

注：*** 表示 $P<0.001$、** 表示 $0.001 \leqslant P<0.01$、* 表示 $0.01 \leqslant P<0.05$ 的情况下显著。

接着，本书对家庭平均年龄在 40 岁以上模型中的思想动力、行为动力、生计资本、生计策略四个潜变量的中介作用进行了检验。验证结果表明，对于平均年龄在 40 岁以上的家庭来说，PPAP 对生计结果的影响部分通过中介变量内生动力来实现，即 PPAP 对农村贫困家庭生计结果的改善存在一定程度的间接影响，且思想动力的中介效应占总效应的比值为 30.4%，行为动力的中介效应占总效应的比值为 38.9%。同时，PPAP 对生计结果的影响部分通过中介变量生计资本和生计策略来实现，即 PPAP 对农村贫困家庭生计结果的改善存在一定程度的间接影响，且 PPAP 作用的发挥有38.6%需要借助农户生计资本的积累来实现，有49.6%需要借助农户生计策略的增强来实现(表 5-18)。

表 5-18　平均年龄在 40 岁以上的中介作用

中介效应路径	显著性	95% 置信区间		VAF 值	中介效应类型
		下限	上限		
PPAP→TI→LO	**	0.012	0.046	0.304	部分中介效应
PPAP→BI→LO	**	0.012	0.066	0.389	部分中介效应
PPAP→LC→LO	**	0.008	0.066	0.386	部分中介效应
PPAP→LS→LO	***	0.030	0.096	0.496	部分中介效应
PPAP→LO	***	0.216	0.331	—	—

资料来源：作者使用 Smart PLS 3.0 软件计算得出。

注：*** 表示 $P<0.001$、** 表示 $0.001 \leqslant P<0.01$、* 表示 $0.01 \leqslant P<0.05$ 的情况下显著。

综上所述，我国的光伏扶贫项目对非农业、高节能、高学历、低龄家庭的生计结果影响较为显著，而对非农业、低节能、低学历、高龄家庭的生计资本影响较为显著(图 5-9)。从问卷中可以看出，生计结果主要由综合指标来表示，而生计资本主要包括物质资

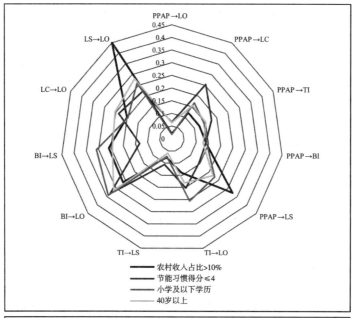

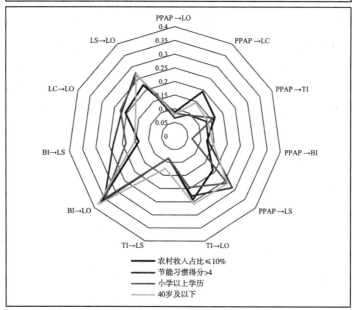

图 5-9 不同家庭特征光伏扶贫项目的减贫路径分布

本、金融资本、人力资本和社会资本。由此我们认为，与生计资本相比，生计结果强调生计测量的整体性。这可能是由于与低节能习惯、教育程度相对较低、年龄较高的农业家庭相比，光伏扶贫项目能够更有效地提高非农业、高节能、受教育程度较高的年轻家庭的整体收入和生活质量。

5.4　基于认知维度的多组对比分析

5.4.1　认知维度对光伏扶贫项目减贫的影响与假设

贫困家庭对减贫政策的认知与知晓度是政策发挥减贫效果的前提。诸多学者从减贫政策或项目的认知对减贫绩效的影响开展研究。李博等[242]从农户对科技扶贫的认知视角研究了脱贫攻坚决胜时期农业科技扶贫的特征，指出贫困农户对农业科技扶贫相关政策的知晓度仍然较低。Tang 等[243]的研究则表明在促进文化产业发展方面，村民的认知严重影响了扶贫发展。张梦娣等[244]的研究表明，农户土地整治政策认知对非贫困户和贫困户的减贫满意度均存在显著影响。颜廷武等[245]发现，在中国连片特困地区，与贫困农户相比，非贫困农户对农产品供应链的价值认知水平相对较高。朱玉知等[246]在 2012 年对我国家用光伏发电政策认知情况进行了调查，结果显示，一半以上的被调查者对光伏发电的认知程度较低，并且只有少数调查者表示了解光伏发电的相关政策。Alrashoud 等[247]在 2019 年的研究则显示受访者对使用小型住宅太阳能光伏发电系统的良好认知水平，并且指出在太阳能光伏系统使用过程中被感知的优势在于环境保护和提供无限的电力等非金融利益，而不是与直接成本利益相关的收入。丁丽萍等[248]采用结构方程模型对公众太阳能光伏发电认知和采纳意愿进行了实证研究。

贫困家庭对我国光伏扶贫项目的认知反映了贫困户对新能源减贫的需求，并且是国家制定光伏扶贫项目减贫政策的有效依据和参考[242]。农户对 PPAP 认知程度（Cognition Degree，CD），主要包括农户对太阳能光伏发电的认知和对光伏扶贫项目本身的认知两个维度。其中，对太阳能光伏发电认知维度的测量指标主要包括：太阳能电池板的功能认知、太阳能光伏发电的原理认知以及光伏发电对村里有益的认知。光伏扶贫项目认知维度的测量指标包括：PPAP的开展过程、运行规则、经济利益以及运行成本等。本书采用李克特五点量表对农户光伏发电认知和 PPAP 认知进行测度，具体指标说明见附录 B。本书通过计算样本光伏发电认知指标和 PPAP 认知指标的均值分别得到光伏发电认知得分（CD_1）和 PPAP 认知得分（CD_2）。

基于此，本书假设太阳能光伏发电认知（或 PPAP 认知）较低的贫困家庭与太阳能光伏发电认知（或 PPAP 认知）较高的贫困家庭在"光伏扶贫项目对农户减贫的影响路径"方面存在差异。本书运用前文所构建的结构方程模型对拥有低光伏发电认知得分（CD_1≤2.5）与高光伏发电认知得分（CD_1>2.5）的农村贫困家庭进行多组比较分析。同样，对拥有低 PPAP 认知得分（CD_2≤2.5）与高PPAP 认知得分（CD_2>2.5）的农村贫困家庭进行多组比较分析。

5.4.2 基于太阳能光伏发电认知的分析

本书根据样本太阳能光伏发电认知（CD_1）维度，将所有 1112个样本分为两个组，即太阳能光伏发电认知得分≤2.5 的样本为一组，太阳能光伏发电认知得分>2.5 的样本为一组，然后采用 PLS-SEM 进行多组对比分析和中介效应分析。

1. 太阳能光伏发电认知的多组对比分析

本书运用 PLS-SEM 的多组对比分析法对不同太阳能光伏发电认知程度的两组数据进行估计，结果如表 5-19 所示。

表 5-19　太阳能光伏发电认知维度模型的结构方程模型检验结果

假设	CD_1≤2.5			CD_1>2.5		
	路径系数	P	接受/拒绝	路径系数	P	接受/拒绝
PPAP→LO	0.095	**	接受	0.021	NS	拒绝
PPAP→LC	0.098	NS	拒绝	0.178	**	接受
PPAP→TI	0.093	*	接受	0.179	***	接受
PPAP→BI	0.142	***	接受	0.108	NS	拒绝
PPAP→LS	0.241	***	接受	0.277	***	接受
TI→LO	0.228	***	接受	0.180	***	接受
TI→LS	0.041	NS	接受	0.130	***	接受
BI→LO	0.358	***	接受	0.294	***	接受
BI→LS	0.239	***	接受	0.166	**	接受
LC→LO	0.189	***	接受	0.280	***	接受
LS→LO	0.297	***	接受	0.275	***	接受
N	695			417		

资料来源：作者使用 Smart PLS 3.0 软件计算得出。

注：*** 表示 $P<0.001$、** 表示 $0.001≤P<0.01$、* 表示 $0.01≤P<0.05$ 的情况下显著。

表 5-19 表明，对于光伏发电认知得分 ≤ 2.5 的家庭来说，PPAP 对农户生计结果和行为动力的影响显著。但对于光伏发电认知得分>2.5 的家庭而言，PPAP 对农户生计结果和行为动力的影响不显著。因此，PPAP 对低光伏发电认知家庭的生计结果和行为动力所产生的影响要明显高于对高光伏发电认知家庭的影响。同时，对于光伏发电认知得分 ≤ 2.5 的家庭来说，PPAP 对农户生计资本的影响不显著，但对于光伏发电认知的家庭得分>2.5 而言，PPAP 对农户生计资本的影响显著。所以，PPAP 对高光伏发电认知家庭的生计资本积累所产生的影响大于对低光伏发电认知家庭的影响。此外，研究结果还表明，思想动力对高光伏发电认知家庭的生计策略所产生的影响大于对低光伏发电认知家庭的影响。

综上，不同太阳能光伏发电认知分组的光伏扶贫项目减贫机制模型如图 5-10 所示。

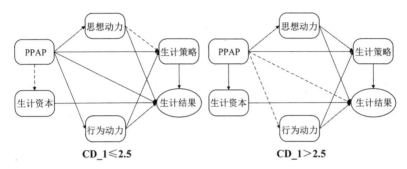

图 5-10 不同光伏发电认知分组的光伏扶贫项目减贫机制模型对比

2. 太阳能光伏发电认知的中介作用检验

首先，本书对太阳能光伏发电认知得分≤2.5 模型中的思想动力、行为动力、生计资本、生计策略四个潜变量的中介作用进行了检验。结果表明，对于太阳能光伏发电认知较低的家庭来说，PPAP 对生计结果的影响部分通过中介变量行为动力来实现，即 PPAP 对农村贫困家庭生计结果的改善存在一定程度的间接影响，且行为动力的中介效应占总效应的比值为 34.9%，思想动力则没有中介效应；同时，PPAP 对生计结果的影响部分通过中介变量生计策略来实现，且生计策略的中介效应占总效应的比值为 43.0%；此外，生计资本没有中介效应(表 5-20)。

表 5-20 CD_1≤2.5 的中介作用

中介效应路径	显著性	95%置信区间		VAF 值	中介效应类型
		下限	上限		
PPAP→TI→LO	NS	−0.001	0.041	—	无中介效应
PPAP→BI→LO	**	0.017	0.076	0.349	部分中介效应

续表

中介效应路径	显著性	95%置信区间		VAF 值	中介效应类型
		下限	上限		
PPAP→LC→LO	NS	−0.009	0.036	—	无中介效应
PPAP→LS→LO	***	0.035	0.111	0.430	部分中介效应
PPAP→LO	***	0.256	0.372	—	—

资料来源：作者使用 Smart PLS 3.0 软件计算得出。

注：*** 表示 $P<0.001$、** 表示 $0.001 \leqslant P<0.01$、* 表示 $0.01 \leqslant P<0.05$ 的情况下显著。

　　其次，本书对太阳能光伏发电认知得分>2.5 模型中的思想动力、行为动力、生计资本、生计策略四个潜变量的中介作用进行了检验，结果如表 5-21 所示。结果表明，PPAP 对生计结果的影响部分通过中介变量思想动力来实现，且思想动力的中介效应占总效应的比值为 60.5%，行为动力没有中介效应。同时，PPAP 对生计结果的影响部分通过中介变量生计资本和生计策略来实现，即 PPAP 对农村贫困家庭生计结果的改善存在一定程度的间接影响，且 PPAP 作用的发挥有 70.4%需要借助农户生计资本的积累来实现，有 78.4%需要借助农户生计策略的增强来实现。

表 5-21　CD_1>2.5 的中介作用

中介效应路径	显著性	95%置信区间		VAF 值	中介效应类型
		下限	上限		
PPAP→TI→LO	**	0.012	0.057	0.605	部分中介效应
PPAP→BI→LO	NS	−0.012	0.064	—	无中介效应
PPAP→LC→LO	**	0.011	0.083	0.704	部分中介效应
PPAP→LS→LO	**	0.036	0.125	0.784	部分中介效应
PPAP→LO	***	−0.278	0.329	—	—

资料来源：作者使用 Smart PLS 3.0 软件计算得出。

注：*** 表示 $P<0.001$、** 表示 $0.001 \leqslant P<0.01$、* 表示 $0.01 \leqslant P<0.05$ 的情况下显著。

5.4.3　基于光伏扶贫项目认知的分析

本书根据样本 PPAP 认知(CD_2)维度,将所有 1112 个样本分为两个组,即 PPAP 认知得分≤2.5 的样本为一组,PPAP 认知得分>2.5 的样本为一组,然后采用 PLS-SEM 进行多组对比分析和中介效应分析。

1. 光伏扶贫项目认知的多组对比分析

本书运用 PLS-SEM 的多组对比分析法对不同 PPAP 认知的两组数据进行估计,结果如表 5-22 所示。

表 5-22　PPAP 认知维度模型的结构方程模型检验结果

假设	CD_2≤2.5			CD_2>2.5		
	路径系数	P	接受/拒绝	路径系数	P	接受/拒绝
PPAP→LO	0.105	**	接受	0.024	NS	拒绝
PPAP→LC	0.079	NS	拒绝	0.225	***	接受
PPAP→TI	0.094	NS	拒绝	0.200	***	接受
PPAP→BI	0.147	**	接受	0.099	NS	拒绝
PPAP→LS	0.203	***	接受	0.317	***	接受
TI→LO	0.221	***	接受	0.166	***	接受
TI→LS	0.053	NS	拒绝	0.118	***	接受
BI→LO	0.380	***	接受	0.287	***	接受
BI→LS	0.261	***	接受	0.139	**	接受
LC→LO	0.193	***	接受	0.252	***	接受
LS→LO	0.277	***	接受	0.297	***	接受
N	661			451		

资料来源:作者使用 Smart PLS 3.0 软件计算得出。

注:*** 表示 $P<0.001$、** 表示 $0.001≤P<0.01$、* 表示 $0.01≤P<0.05$ 的情况下显著。

表5-22表明，对于PPAP认知得分≤2.5的家庭来说，PPAP对农户生计结果和行为动力的影响显著。但对于PPAP认知得分>2.5的家庭而言，PPAP对农户生计结果和行为动力的影响不显著。因此，PPAP对低PPAP认知家庭的生计结果和行为动力所产生的影响要明显高于对高PPAP认知家庭的影响。同时，对于PPAP认知得分≤2.5的家庭来说，PPAP对农户生计资本和思想动力的影响不显著。但对于PPAP认知的家庭得分>2.5而言，PPAP对生计资本和思想动力的影响显著。所以，PPAP对高PPAP认知家庭的生计资本积累和思想动力的激发所产生的影响明显大于对低PPAP认知家庭的影响。此外，检验结果还表明，思想动力对高PPAP认知家庭的生计策略产生的影响大于对低PPAP认知家庭的影响。

综上，不同光伏扶贫项目认知分组的光伏扶贫项目减贫机制模型如图5-11所示。

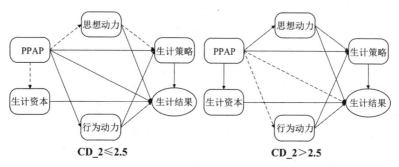

CD_2≤2.5　　　　　　　　CD_2>2.5

图5-11　不同PPAP认知分组的光伏扶贫项目减贫机制模型对比

2. 光伏扶贫项目认知的中介作用检验

首先，本书对PPAP认知得分≤2.5模型中的思想动力、行为动力、生计资本、生计策略四个潜变量的中介作用进行了检验，结果如表5-23所示。结果表明，对于PPAP认知较低的家庭来说，PPAP对生计结果的影响部分通过中介变量行为动力来实现，即PPAP对农村贫困家庭生计结果的改善存在一定程度的间接影响，且行为动力的中介效应占总效应的比值为 34.7%，思想动力则没有中介效应。同时，PPAP 对生计结果的影响部分通过中介变量生计策略来实现，且 PPAP 作用的发挥有 34.9%需要借助农户生计策略的增强来实现。然而，在 PPAP 对生计结果的影响中，生计资本没有中介效应。

表 5-23　CD_2≤2.5 的中介作用

中介效应路径	显著性	95%置信区间		VAF 值	中介效应类型
		下限	上限		
PPAP→TI→LO	NS	-0.005	0.042	—	无中介效应
PPAP→BI→LO	**	0.016	0.083	0.347	部分中介效应
PPAP→LC→LO	NS	-0.018	0.034	—	无中介效应
PPAP→LS→LO	**	0.023	0.092	0.349	部分中介效应
PPAP→LO	***	0.230	0.357	—	—

资料来源：作者使用 Smart PLS 3.0 软件计算得出。

注：*** 表示 $P<0.001$、** 表示 $0.001 \leqslant P<0.01$、* 表示 $0.01 \leqslant P<0.05$ 的情况下显著。

接着，本书对 PPAP 认知得分>2.5 模型中的思想动力、行为动力、生计资本、生计策略四个潜变量的中介作用进行了检验，结果如表 5-24 所示。结果表明，对于 PPAP 认知较高的家庭来说，PPAP 对生计结果的影响部分通过中介变量思想动力来实现，即 PPAP 对农村贫困家庭生计结果的改善存在一定程度的间接影响，且思想动力的中介效应占总效应的比值为 58.0%，行为动力则没有中介效应。同时，PPAP 对生计结果的影响部分通过中介变量生计资本和生计策略来实现，即 PPAP 减贫作用的发挥有 70.3%需要借助农户生计资本的积累来实现，有 79.7%需要借助农户生计策略的增强来实现。

综上所述，研究结果证实了个体认知差异可导致农村光伏扶贫项目对可持续生计影响的异质性（图 5-12）。本研究提出，认知是

133

影响农村光伏项目扶贫路径的重要因素。因此，本书根据对生计资本和生计结果的定义认为，中国光伏扶贫项目在低认知家庭的可持续生计中表现得更好。此外，农村能源干预可以激发高认知家庭减贫的思想动力和低认知家庭减贫的行为动力。一种可能的解释是，严重的认知偏差会导致较低的理性思维，低认知人群认为个人能力可能比态度更重要。

表 5-24　CD_2>2.5 的中介作用

中介效应路径	显著性	95%置信区间		VAF 值	中介效应类型
		下限	上限		
PPAP→TI→LO	**	0.015	0.055	0.580	部分中介效应
PPAP→BI→LO	NS	-0.012	0.056	—	无中介效应
PPAP→LC→LO	**	0.026	0.088	0.703	部分中介效应
PPAP→LS→LO	***	0.048	0.146	0.797	部分中介效应
PPAP→LO	***	0.205	0.352	—	—

资料来源：作者使用 Smart PLS 3.0 软件计算得出。

注：*** 表示 $P<0.001$、** 表示 $0.001 \leqslant P<0.01$、* 表示 $0.01 \leqslant P<0.05$ 的情况下显著。

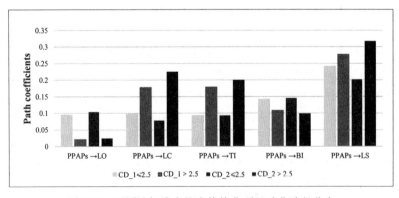

图 5-12　不同认知维度的光伏扶贫项目减贫路径分布

5.5　本章小结

本章对 PPAP 减贫机制进行了实证检验。在第 3 章和第 4 章对 PPAP 减贫机制研究假设的提出与研究设计的基础上，本章首先采用偏最小二乘法结构方程模型（PLS-SEM）识别 PPAP 的减贫规律及影响路径，并对模型中可能存在的中介效应进行了验证。其次应用重要性-绩效映射图分析法，分析影响 PPAP 减贫的关键因素。然后，通过多组对比分析探索了基于贫困家庭收入结构、节能习惯、受教育程度以及年龄四个维度的光伏扶贫项目对不同家庭特征群组的减贫差异。最后对比分析了光伏扶贫项目对不同 PPAP 认知水平贫困家庭的减贫异同及其内部规律。具体来说，本章主要涉及四大内容：

（1）本章使用 PLS-SEM 对 PPAP 减贫机制的概念模型进行评估，主要涉及测量模型检验、结构模型检验和中介效应检验。测量模型检验包括反映性测量模型检验和形成性测量模型检验。之后，验证了 PPAP 对农村贫困家庭可持续生计产生的直接效应，即 PPAP 对生计资本、内生动力（包括思想动力与行为动力）、生计策略以及生计结果均有显著影响。此外，内生动力对生计策略和生计结果产生了显著的正向影响；贫困家庭的生计资本和生计策略对生计结果也产生了显著的正向作用。在中介效应的检验中，验证了 PPAP 通过思想动力的部分中介作用影响农户生计结果；PPAP 通过行为动力的部分中介作用影响农户生计结果；PPAP 对生计结果的影响部分通过中介变量农户生计资本来实现，且 PPAP 作用的发挥有 34.8% 需要借助农户生计资本的积累来实现；同时，PPAP 对生计结果的影响部分通过中介变量农户生计策略来实现。

（2）采用 IPMA 法分别从潜变量层和显变量层对 PPAP 可持续减贫的关键因素进行识别，即在潜变量层，提高贫困农户行为动力的减贫绩效最大，其次是生计策略和 PPAP 的实施；在显变量层，增加贫困家庭人力资本和社会资本积累的减贫绩效最大，PPAP 的

135

收益预期保障和农户金融资本积累次之。

（3）基于 PLS-SEM 的多组对比分析方法，探讨了 PPAP 对不同家庭特征群组的减贫路径，即对于非农型农户、高节能习惯家庭、高学历水平的贫困家庭而言，PPAP 对生计结果的影响相对显著；而对于非农型农户、低节能习惯家庭、低学历水平的贫困家庭来说，PPAP 对生计资本的影响相对显著；思想动力对低龄家庭的生计策略所产生的影响要明显高于对高龄家庭的影响。

（4）同样，采用多组对比分析方法比较分析了 PPAP 对不同光伏发电认知和 PPAP 认知群组的减贫路径，即对于低光伏发电认知和低 PPAP 认知的贫困家庭而言，PPAP 对生计结果和行为动力的影响相对显著；而对于高光伏发电认知和高 PPAP 认知家庭来说，PPAP 对生计资本的影响相对显著。

第6章 光伏扶贫项目的减贫效果评价

为了证实 PPAP 对农村贫困家庭减贫的实际贡献，本章在 PPAP 减贫内部规律研究的基础上，采用准实验研究方法，设计了处理组和对照组，利用项目前后两个时点农村贫困家庭的样本面板数据，进一步对 PPAP 的减贫净贡献进行了量化。由于贫困家庭生计资本是贫困户可持续生计分析的核心，因此本部分将农村贫困家庭五类生计资本值作为贫困代理指标，并通过概率分布比较分析、均值比较分析、独立样本检验、双重差分回归模型等方法，评估光伏扶贫项目对农村贫困家庭的减贫效果。

6.1 评价方法与模型

本章首先运用描述性统计方法对 PPAP 不同组别的农户各项生计资本进行比较。其中，概率分布描述了各项生计资本数值在某个确定的取值点附近的可能性，可以比较直观地表现出两组样本在某一区域的数量；而均值比较是从数值上反映两组样本各项生计资本的大小，进而发现两组样本之间存在的差异。然后，采用双重差分回归模型对 PPAP 减贫的实际效果进行评价。此外，本章还采用独立样本检验对比分析了不同观测时期和不同观测组别的农村贫困家庭生计资本变化情况。

6.1.1 双重差分法

双重差分(Difference-in-difference,DID)可以过滤结果变量受时间和固定效应的干扰[249],在政策评价、干预评价和事件影响领域有着较广泛的应用[250-253]。双重差分法的基本思想是,基于自然试验得到的数据,通过有效控制研究对象间的事前差异,排除时间等固定效应,从而较为真实地分离出政策的真实干预效果[254,255]。具体来说,在抽样调查过程中将被调查对象按照是否受某一项目的影响分为对照组和处理组,是否受项目影响用虚拟变量 D 来定义,$D=1$ 为处理组,表示个体受项目影响;$D=0$ 为对照组,表示个体未受项目影响。在分析项目实施所带来的实际效应中,至少需要两期观测值,第一期为项目实施前某个观测值 Y_0,第二期为项目实施后某个观测值 Y_1,评估模型可表示为:

$$Y_0 = g_o(X) + U_0, \quad Y_1 = g_1(X) + U_1 \tag{6.1}$$

式中,对于个体 k,X 为评估指标 Y_k 的解释变量,U_k 为随机扰动项。

项目对个体的影响效果可以表示为 $\Delta = Y_1 - Y_0$,则有:

$$\begin{cases} ATT = E(Y_1 - Y_0 \mid X, D=1) = E(\Delta \mid X, D=1) \\ ATU = E(Y_1 - Y_0 \mid X, D=0) = E(\Delta \mid X, D=0) \\ DID = E(Y_1 - Y_0 \mid X) = E(\Delta \mid X) \end{cases} \tag{6.2}$$

式中,ATT 表示处理组在项目实施前后对应指标值的差值,ATU 表示对照组在项目实施前后对应指标值的差值。DID 表示第二次差分,即处理组与对照组在项目实施前后各项指标差异的差值,是项目实施所带来的净效应,也可表示为:

$$DID = ATT - ATU = E(\Delta Y_i \mid D_i = 1) - E(\Delta Y_i \mid D_i = 0)$$

$$\tag{6.3}$$

6.1.2 光伏扶贫项目减贫效果评价模型

本章将 PPAP 受益农户(获得 PPAP 补贴的农户)设置为处理组,将非受益农户(没有获得 PPAP 补贴的农户)设置为对照组。此外,考虑到农户所处环境对 PPAP 减贫效果可能会产生一定影响,于是引入控制变量,并建立双重差分回归模型:

$$Y_{it} = \beta_0 + \beta_1 D_{it} + \beta_2 T_{it} + \beta_3 D_{it} T_{it} + \alpha_i C_i + \varepsilon_{it} \qquad (6.4)$$

式中,Y_{it} 为被调查农户 i 在 t 时期的生计资本值;D_{it} 为组别虚拟变量,用于反映农村家庭是否为 PPAP 受益家庭,$D_{it} = 1$ 或 0;T_{it} 是时间虚拟变量,用于反映 PPAP 实施的过程,将 PPAP 的开始实施及后续时间表示为 $T_{it} = 0$(2013 年),或者 $T_{it} = 1$(2017 年)。交叉项 $D_{it} T_{it}$ 是一个 DID 估计量,其系数为 β_3,用以衡量 PPAP 的实施效果;C_i 表示控制变量,ε_{it} 是模型的误差项。

6.2 样本数据和评价指标

6.2.1 样本数据选择

由于在本书所选的 9 个样本县,即永宁县、海原县、察右中旗、共和县、通渭县、天镇县、长阳县、上蔡县和金寨县中,永宁县、金寨县和共和县三县实施的 PPAP 对农村贫困家庭的帮扶基本达到全覆盖,PPAP 非受益户数据不足。因此,本章研究样本删除上述三县样本数据。此外,鉴于实施 PPAP 的贫困村受益家庭数量大于非受益家庭数量的实际情况,并且为了保证各样本县两组数据的稳定性,按照对照组数量占处理组数量 35.1% 的比例(6 个样本县中的最小的值)对样本贫困县建档立卡贫困户进行随机抽样,最终确定的样本数据分布如表 6-1 所示。

139

表6-1　PPAP减贫效果评价样本数据分布

区域类型	样本县	样本户数	处理组(T)	对照组(C)	比值(C/T)
Type Ⅰ	宁夏海原县	127	94	33	0.351
	内蒙古察右中旗	148	110	38	0.345
Type Ⅱ	甘肃通渭县	100	74	26	0.351
	山西天镇县	88	65	23	0.354
Type Ⅲ	湖北长阳县	129	95	34	0.358
	河南上蔡县	143	106	37	0.349
合计		735	544	191	0.351

资料来源：作者根据实际调研和抽样结果统计得出。

6.2.2　评价指标构建与研究变量

在对反贫困效果进行评价时，大多研究采用农村贫困指数、农户资产指数或多维贫困指数的变化来反映干预措施的减贫效果[51,127,202]，也有学者基于生计资本视角，通过分析家庭生计资本的变化来衡量农户减贫程度[11,73,256,257]。生计资本存量的积累可以改善贫困人口生计状态，进而实现减贫目标。因此，本研究特别关注农村家庭生计资本的变化并以此来表征农户的减贫状况。此外，考虑到光伏扶贫项目的自身特性，如其实施过程中需要太阳能和土地等因素，所以采用包括自然资本在内的五大生计资本作为贫困代理指标是比较合适的。

本书基于可持续生计分析框架中五大生计资本指标构成，并结合PPAP减贫实际，对PPAP减贫效果评价指标(即生计资本指标)进行构建，进一步使用熵权法对各测量指标进行赋权。本书最终确定的生计资本各计量指标和权重如表6-2所示。

表 6-2　生计资本指标体系及指标权重

生计资本类型	测量指标	指标名称	权重	计算公式
自然资本(N)	家庭人均耕地面积	N_1	0.85	$N=N_1\times0.85+N_2\times0.15$
	耕地质量	N_2	0.15	
物质资本(M)	家庭人均住房面积	M_1	0.10	$M=M_1\times0.10+M_2\times0.29$ $+M_3\times0.08+M_4\times0.53$
	住房结构	M_2	0.29	
	家庭生活性资产	M_3	0.08	
	生产性资产	M_4	0.53	
金融资本(F)	家庭负债	F_1	0.21	$F=F_1\times0.21+F_2\times0.53$ $+F_3\times0.21+F_4\times0.05$
	5年内政府贴息贷款	F_2	0.53	
	5年内向亲戚朋友借款	F_3	0.21	
	在金融市场借款的便利程度	F_4	0.05	
人力资本(H)	家庭成员学历水平	H_1	0.46	$H=H_1\times0.46+H_2\times0.37$ $+H_3\times0.17$
	劳动力占比	H_2	0.37	
	负担人口比例	H_3	0.17	
社会资本(S)	村干部脱贫致富的模范作用	S_1	0.23	$S=S_1\times0.23+S_2\times0.24$ $+S_3\times0.25+S_4\times0.25$
	参与民主决策的机会	S_2	0.24	
	向当地政府反映诉求的权利	S_3	0.25	
	所在村有许多好朋友	S_4	0.25	

资料来源：作者运用熵权法计算得出。注：具体计算过程见第4章。

141

　　为了测度 PPAP 对贫困家庭生计资本变化的作用，进而量化 PPAP 的减贫净贡献，本书以生计资本总值(即将五类生计资本值加总，具体见表 6-3)为因变量。同时，将自然资本、物质资本、金融资本、社会资本和人力资本也作为因变量进行辅助分析，以便更好地解释构成生计资本总量的其他五类生计资本受项目影响的净效应。解释变量中引入组别虚拟变量 D_{it}、时间虚拟变量 T_{it} 和交互

项 $D_{it}T_{it}$。另外，将影响生计资本的其他变量作为控制变量，包括家庭所处村庄的社会经济发展水平和村里的道路条件。本书所确定的研究变量及变量描述性统计特征见表 6-3。

表 6-3　研究变量选择及变量描述性统计特征

变量名称	变量取值	均值	方差	最大值	最小值	标准差
因变量						
自然资本(N)	数值变量（0 至 1 之间）	0.173	0.012	0.925	0.010	0.111
物质资本(M)	数值变量（0 至 1 之间）	0.211	0.043	0.899	0.000	0.207
金融资本(F)	数值变量（0 至 1 之间）	0.350	0.078	0.879	0.000	0.280
人力资本(H)	数值变量（0 至 1 之间）	0.602	0.040	1.000	0.051	0.201
社会资本(S)	数值变量（0 至 1 之间）	0.383	0.023	0.880	0.000	0.152
生计资本总值(L)	$L=N+M+F+S+H$	1.720	0.266	3.745	0.552	0.516
自变量						
分组变量(D_{it})	非受益户 - 0；受益户 - 1	0.740	0.192	1.000	0.000	0.439
时间变量(T_{it})	项目实施前 - 0；实施后 - 1	0.500	0.250	1.000	0.000	0.500
交互变量($D_{it}T_{it}$)	—	0.370	0.233	1.000	0.000	0.483
控制变量						
所在村的社会经济发展水平(C_1)	很差 - 1，较差 - 2，一般 - 3，较好 - 4，很好 - 5，	3.479	0.694	5.000	1.000	0.833
所在村的道路条件(C_2)	土路 - 1，石子路 - 2，水泥路 - 3，沥青路 - 4	2.272	1.025	4.000	0.000	1.012

资料来源：作者根据文件研究目标提出，并经过数据统计分析计算得出。

注：C_1 是样本农户所在村合作社、医疗、教育和就业等发展水平的综合指数；C_2 指样本农户所在村通往城镇的道路材质（最好材质）。

6.3 基于贫困家庭生计资本变化的光伏扶贫项目减贫效果评价

本书首先运用概率分布比较方法对 PPAP 实施的处理组和控制组农户各项生计资本进行了直观的比较。其次采用独立样本检验和均值比较法从数值上分析 PPAP 受益组和非受益组两组样本各项生计资本的大小。最后使用双重差分回归模型对 PPAP 减贫效果进行评价，并比较了我国三类太阳能资源区 PPAP 的减贫差异。

6.3.1 基于贫困家庭生计资本变化的概率分布比较

1. 自然资本的概率分布比较

图 6-1(a)显示了光伏扶贫项目实施前，即 $T_{it} = 0$ 时，PPAP 受益农户与非受益农户自然资本的概率分布基本相同。受益农户的自然资本主要集中在[0，0.4]之间，最大值为 0.9。较多的非受益农户自然资本数值集中于 0.15 左右，但最大值在 0.7 左右。在 $T_{it} = 1$ 时，即 PPAP 实施之后，受益农户与非受益农户自然资本的概率分布同样趋于一致，见图 6-1(b)。与 $T_{it} = 0$ 时曲线相似，受益农户的自然资本主要分布在[0，0.4]之间，最大值接近 1，说明 PPAP 受益农户在项目实施前后自然资本数值几乎没有变化。

2. 物质资本的概率分布比较

当 $T_{it} = 0$ 时，PPAP 受益农户与非受益农户的物质资本概率分布相比存在较大差异，见图 6-2(a)。受益农户曲线在物质资本数值小于 0.4 的范围内表现得更为陡峭，且主要集中在[0，0.4]之间，在 0.05 和 0.25 处有两个峰值，最大值为 0.8。非受益农户物质资本概率分布趋于平稳，其峰值在 0.05，主要分布在区间[0，0.6]之间，但最大值为 1。这一概率分布图直观显示了在光伏扶贫

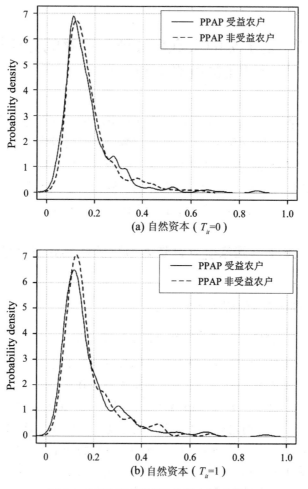

图 6-1 不同观测时期自然资本概率分布

项目实施前，与非受益农户相比，更多的受益农户物质资本处于较低水平，且存在一定差距。

在 $T_{it}=1$ 时，受益农户与非受益农户物质资本的概率分布在形状和区间上更加趋于一致，见图 6-2(b)。不同于 $T_{it}=0$ 时的曲线，受益农户物质资本主要分布在[0，0.6]之间，峰值为 0.1，且最大值接近 1。说明在光伏扶贫项目实施之后，受益农户的物质资本数值普遍有所增加。

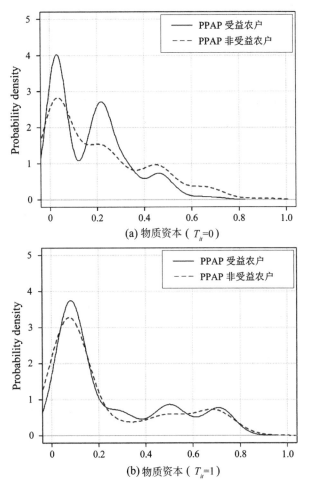

图 6-2　不同观测时期物质资本概率分布

145

3. 金融资本的概率分布比较

　　光伏扶贫项目实施前，即 $T_{it}=0$ 时，受益农户与非受益农户金融资本的概率分布在小于 0.1 的范围内存在一定差异，见图 6-3 (a)。前者主要集中在[0，0.4]之间，其中在 0.05 和 0.3 处存在两个峰值，最大值为 1。而较多的非受益农户金融资本集中于 0.3

左右。说明在光伏扶贫项目实施前，与非受益农户相比，较多的受益农户金融资本数值底下。

在 $T_{it}=1$ 时，受益农户与非受益农户金融资本的概率分布在形状上更加趋于一致，但受益农户曲线略微陡峭，见图6-3(b)。两条曲线均存在 2 个峰值，分别为 0.2 和 0.8，且最大值均为 1。这表明与光伏扶贫项目实施前相比，受益农户的金融资本数值有所增加。

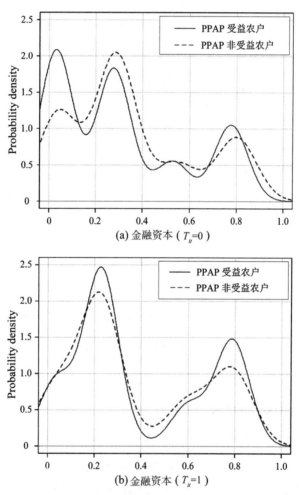

图 6-3　不同观测时期金融资本概率分布

4. 人力资本的概率分布比较

光伏扶贫项目实施前，即 $T_{it}=0$ 时，受益农户与非受益农户人力资本的概率分布存在一定差异，虽然在形状上均类似正态分布，但非受益农户曲线比受益农户曲线略微偏右，见图 6-4(a)。受益农户概率分布主要集中在 $[0.2, 0.6]$ 之间，峰值为 0.4，最大值为 0.9；而较多的非受益农户人力资本集中于 0.5 左右，最大值为 0.85。说明在光伏扶贫项目实施前，受益农户人力资本数值与非受

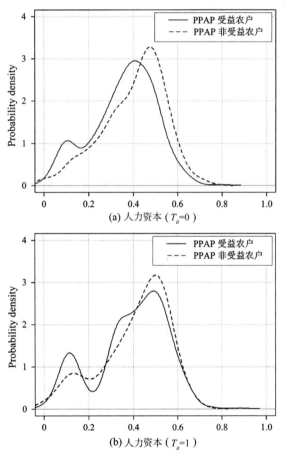

图 6-4　不同观测时期人力资本概率分布

147

益农户相比存在一定差距。

在 $T_{it}=1$ 时，受益农户与非受益农户人力资本的概率分布在形状上和区间上更加趋于一致，见图6-4(b)。两条曲线均主要集中在 [0.3, 0.6] 之间，且峰值为 0.5。比较发现，光伏扶贫项目实施后受益农户的人力资本数值有所增加。

5. 社会资本的概率分布比较

当 $T_{it}=0$ 时，PPAP 受益农户与非受益农户的社会资本概率分布相比存在较大差异，非受益农户曲线明显向右有所偏移，见图6-5

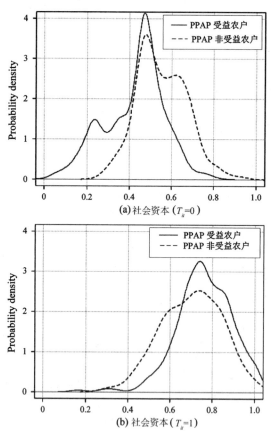

图6-5 不同观测时期社会资本概率分布

(a)。受益农户的社会资本数值主要分布在[0.2，0.6]之间，最大值为0.9。非受益农户的社会资本概率分布往右有所偏移，主要分布在区间[0.4，0.7]，最大值为1。这一概率分布图直观显示出在光伏扶贫项目实施前，受益农户社会资本与非受益农户相比存在一定差距。

然而，在PPAP实施之后，即 $T_{it}=1$ 时，受益农户与非受益农户社会资本的概率分布在形状上更加趋于一致，但受益农户曲线比非受益农户曲线略微偏右，见图6-5(b)。受益农户的社会资本数值主要分布在[0.6，1]之间，而非受益农户的数值主要分布在[0.5，0.9]之间。说明接受光伏扶贫项目补贴的农户在社会资本方面得到了明显改善。

6. 生计资本总值的概率分布比较

通过对PPAP实施前后生计资本五类成分的变化进行分析，不难预测家庭生计资本总值的变化趋势。图6-6(a)显示，当 $T_{it}=0$ 时，与受益农户的生计资本总值概率分布相比，PPAP非受益农户略向右偏。受益农户的生计资本总值主要分布在[0.75，2.25]之间，峰值为1.25，最大值为3；而非受益农户主要分布在区间[0.8，2.55]之间，峰值接近1.75，最大值也为3。

然而，在光伏扶贫项目实施之后，即当 $T_{it}=1$ 时，受益农户与非受益农户生计资本总值的概率分布更加趋于一致，见图6-6(b)。两条曲线均主要集中在[1，3]之间，且峰值均接近1.75。从两条曲线的最大值来看，受益农户生计资本总值的最大值为4，非受益农户生计资本总值的最大值为3.5。图6-6显示，与 $T_{it}=0$ 时相比，受益农户的生计资本总值概率分布曲线明显向右移动。因此，在PPAP实施前受益农户生计资本总值与非受益农户相比存在一定差距，而PPAP实施之后，接受光伏扶贫项目补贴的农户生计资本综合水平得到了明显改善。

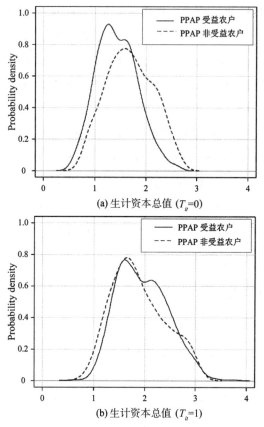

图 6-6　不同观测时期生计资本总值概率分布

6.3.2　基于贫困家庭生计资本变化的均值比较

1. 不同观测时期贫困家庭生计资本的均值比较

　　组内均值比较可以揭示样本农户在两个观测时期生产生活状况的改变。表 6-4 显示，在 PPAP 实施前后，无论是受益农户还是非受益农户，家庭各项生计资本均发生了变化。

表6-4 不同观测时期贫困家庭生计资本统计量(T_{it})

研究变量	T_{it}	N	均值	标准差	均值的标准误
自然资本	0	735	0.171	0.106	0.004
	1	735	0.175	0.116	0.004
物质资本	0	735	0.186	0.170	0.006
	1	735	0.241	0.234	0.007
金融资本	0	735	0.316	0.273	0.010
	1	735	0.386	0.283	0.010
人力资本	0	735	0.369	0.144	0.005
	1	735	0.397	0.158	0.006
社会资本	0	735	0.459	0.146	0.005
	1	735	0.745	0.136	0.005
生计资本	0	735	1.497	0.429	0.016
	1	735	1.942	0.501	0.018

资料来源：作者根据软件SPSS20.0运行结果整理得出。

其中，自然资本均值变化较小，且不显著。物质资本均值由0.186增长到0.241，增量为0.055；金融资本均值由0.316增长为0.386，增加0.07；人力资本均值由0.369增长到0.397，增量为0.028；社会资本均值由0.459增长为0.745，增量为0.286(图6-7)。

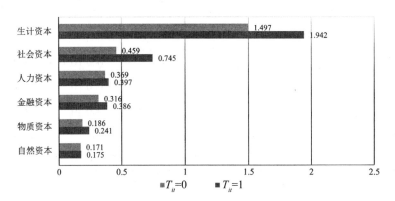

图6-7 不同观测时期各项生计资本均值比较(T_{it})

　　独立样本检验结果显示，物质资本、金融资本、人力资本及社会资本均值的增量均在1%的水平上显著，但自然资本均值的增量不显著(表6-5)。这表明随着时间的推进，除自然资本外，农村家庭物质资本、金融资本、人力资本和社会资本均具有较显著的提高。此外，从农户生计资本总值的变化情况来看，在PPAP实施前后，农村家庭生计资本总值均值由1.497增长到1.942，增量为0.445，且独立样本检验结果显示，其增长量在1%的水平上显著。因此，可以判断在过去的五年时间内，无论是PPAP受益家庭还是非受益家庭，其生计资本总值均具有显著的提高，农村地区贫困家庭的生计状况都得到较大的改善。

表6-5　不同观测时期贫困家庭生计资本独立样本检验(T_{it})

研究变量		方差方程的 Levene 检验		均值方程的 t 检验				
		F	Sig.	t	df	Sig.（双侧）	均值差值	标准误差值
自然资本	1	5.019	0.025	0.570	1468	0.569	0.003	0.006
	2			0.570	1454.492	0.569	0.003	0.006
物质资本	1	128.767	0.000	5.612	1468	0.000	0.060	0.011
	2			5.612***	1339.570	0.000	0.060	0.011
金融资本	1	26.697	0.000	4.638	1468	0.000	0.067	0.014
	2			4.638***	1466.341	0.000	0.067	0.014
人力资本	1	6.824	0.009	3.553	1468	0.000	0.028	0.008
	2			3.553***	1454.653	0.000	0.028	0.008
社会资本	1	0.529	0.467	38.874	1468	0.000	0.286	0.007
	2			38.874***	1461.036	0.000	0.286	0.007
生计资本	1	23.852	0.000	18.276	1468	0.000	0.444	0.024
	2			18.276***	1434.135	0.000	0.444	0.024

　　资料来源：作者根据软件SPSS20.0运行结果整理得出。

　　注：1代表假设方程相等；2代表假设方程不等；***表示在1%的水平下显著。

2. 不同观测组贫困家庭生计资本的均值比较

组间均值比较反映了光伏扶贫项目受益农户与非受益农户在生产生活条件上存在的差异。本书对不同观测组贫困家庭生计资本的均值进行了均值比较和独立样本检验。

表 6-6 和图 6-8 显示，PPAP 非受益农户自然资本均值 (0.174)、物质资本均值(0.215)和金融资本均值(0.360)均大于受益农户的自然资本均值(0.173)、物质资本均值(0.210)和金融资本均值(0.346)。然而，独立样本检验结果显示两组家庭在自然资本均值、物质资本均值和金融资本均值上的差异并不显著(表 6-7)。

表 6-6 不同分组之间贫困家庭生计资本统计量(D_{it})

研究变量	T_{it}	N	均值	标准差	均值的标准误
自然资本	0	191	0.174	0.100	0.005
	1	544	0.173	0.115	0.003
物质资本	0	191	0.215	0.222	0.011
	1	544	0.210	0.201	0.006
金融资本	0	191	0.360	0.271	0.014
	1	544	0.346	0.283	0.009
人力资本	0	191	0.627	0.149	0.008
	1	544	0.593	0.215	0.007
社会资本	0	191	0.407	0.146	0.007
	1	544	0.375	0.153	0.005
生计资本	0	191	1.782	0.495	0.025
	1	544	1.697	0.522	0.016

资料来源：作者根据软件 SPSS20.0 运行结果整理得出。

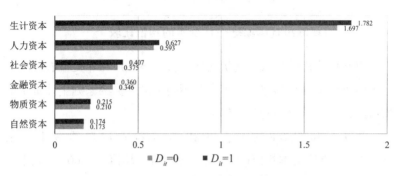

图 6-8　不同分组之间各生计资本均值比较(D_{it})

表 6-7　不同分组之间贫困家庭生计资本独立样本检验(D_{it})

研究变量		方差方程的 Levene 检验		均值方程的 t 检验				
		F	Sig.	t	df	Sig.（双侧）	均值差值	标准误差值
自然资本	1	2.344	0.126	0.212	1468	0.832	0.001	0.007
	2			0.226	756.158	0.821	0.001	0.006
物质资本	1	10.582	0.001	0.421	1468	0.674	0.005	0.012
	2			0.402	613.987	0.688	0.005	0.013
金融资本	1	2.260	0.133	0.824	1468	0.410	0.014	0.017
	2			0.840	691.848	0.401	0.014	0.016
人力资本	1	1.097	0.295	3.493	1468	0.000	0.031	0.009
	2			3.571***	694.369	0.000	0.031	0.009
社会资本	1	79.443	0.000	2.787	1468	0.005	0.033	0.012
	2			3.302***	959.686	0.001	0.033	0.010
生计资本	1	0.692	0.406	2.773	1468	0.006	0.085	0.031
	2			2.846***	699.839	0.005	0.085	0.030

资料来源：作者根据软件 SPSS20.0 运行结果整理得出。

注：1 代表假设方程相等；2 代表假设方程不等；*** 表示在 1% 的水平下显著。

此外，由表6-6可知，非受益农户人力资本均值（0.627）比受益农户（0.593）大0.034；非受益农户社会资本均值（0.407）比受益农户（0.375）大0.032，且均在1%的水平上显著（表6-7）。此外，对于生计资本总值的均值而言，PPAP的非受益家庭（1.782）比受益家庭（1.697）大0.085，并在1%水平下显著。上述结果表明与光伏扶贫项目非受益家庭相比，受益家庭的生产生活条件存在较大的差距。

3. 贫困家庭生计资本双维度均值比较

本书进一步比较了受益农户各项生计资本在项目实施前后的变化，结果见表6-8。在两个观测时间上，PPAP受益农户和非受益农户的自然资本均值都增加甚微，且受益农户的增加量比非受益农户的增加量多0.004，即 $N_{DID}=E(\Delta Y_i \mid D_i=1)-E(\Delta Y_i \mid D_i=0)=0.004$。物质资本均值在两组农户内均呈现增加趋势，对比发现受益农户的增加量比非受益农户的增加量多0.052，即 $P_{DID}=E(\Delta Y_i \mid D_i=1)-E(\Delta Y_i \mid D_i=0)=0.052$。PPAP受益农户金融资本均值增量比非受益农户的增量大0.059，即 $F_{DID}=E(\Delta Y_i \mid D_i=1)-E(\Delta Y_i \mid D_i=0)=0.059$。社会资本均值在处理组和对照组的增幅均比较大，分别为0.334和0.148，且受益农户增量比非受益农户的增量大0.186，即 $S_{DID}=E(\Delta Y_i \mid D_i=1)-E(\Delta Y_i \mid D_i=0)=0.186$。在两组农户中，人力资本均值也呈现增长趋势，且受益农户的增加量比非受益农户的增加量多0.030，即 $H_{DID}=E(\Delta Y_i \mid D_i=1)-E(\Delta Y_i \mid D_i=0)=0.030$。因此，不难发现生计资本总值在两个分组之间也均呈现增加趋势，且 $L_{DID}=E(\Delta Y_i \mid D_i=1)-E(\Delta Y_i \mid D_i=0)=0.330$，上述计算结果表明，光伏扶贫项目促进了农村贫困家庭生计资本的增长，且增量为33%。

表6-8还显示，在PPAP实施前，受益农户五类生计资本和生计资本总值均值都小于非受益农户。但在项目实施之后，除人力资本外，受益农户的自然资本、物质资本、金融资本、社会资本和生计资本总值均值反而均大于非受益农户。因此，本书做出推断，即通过光伏扶贫项目扶持，受益家庭生计状况确实得到改善，这主要得益于社会资本水平的提高，其次是金融资本和物质资本存量的积累。

表 6-8　组内与组间贫困家庭生计资本均值比较结果汇总

变量		$T_{it}=0$	$T_{it}=1$	ΔY	变量		$T_{it}=0$	$T_{it}=1$	ΔY
自然资本	$D_{it}=0$	0.1737	0.1743	0.0006	人力资本	$D_{it}=0$	0.4035	0.4096	0.0061
	$D_{it}=1$	0.1705	0.1747	0.0042		$D_{it}=1$	0.3572	0.3929	0.0357
	ΔY	-0.0032	0.0004	0.0036		ΔY	-0.0463	-0.0167	0.0296
物质资本	$D_{it}=0$	0.2044	0.2262	0.0218	社会资本	$D_{it}=0$	0.5524	0.7007	0.1483
	$D_{it}=1$	0.1735	0.2468	0.0733		$D_{it}=1$	0.4263	0.7604	0.3341
	ΔY	-0.0309	0.0206	0.0515		ΔY	-0.1261	0.0597	0.1858
金融资本	$D_{it}=0$	0.3482	0.3719	0.0237	生计资本	$D_{it}=0$	1.6822	1.8826	0.2004
	$D_{it}=1$	0.3051	0.3876	0.0825		$D_{it}=1$	1.4323	1.9624	0.5301
	ΔY	-0.0431	0.0157	0.0588		ΔY	-0.2499	0.0798	0.3297

资料来源：作者计算得出。

6.3.3　基于双重差分的光伏扶贫项目减贫净效应

本书采用 SPSS20.0 对基于双重差分法所构建的 PPAP 减贫效果评价模型进行估计，以量化各项生计资本的 PPAP 减贫净效应，最终建立了农户各项生计资本回归模型，具体如下：

$$
\begin{cases}
Y_{it}(N) = 0.223 - 0.005D_{it} + 0.011T_{it} + 0.006D_{it}T_{it} \\
\qquad\quad - 0.019C_1 + 0.005C_2 \\
Y_{it}(P) = 0.275 - 0.036D_{it} + 0.044T_{it} + 0.058D_{it}T_{it} \\
\qquad\quad - 0.015C_1 - 0.012C_2 \\
Y_{it}(F) = 0.372 - 0.046D_{it} + 0.037T_{it} + 0.062D_{it}T_{it} \\
\qquad\quad + 0.003C_1 - 0.018C_2 \\
Y_{it}(S) = 0.249 - 0.113D_{it} + 0.076T_{it} + 0.165D_{it}T_{it} \\
\qquad\quad + 0.099C_1 - 0.003C_2 \\
Y_{it}(H) = 0.319 - 0.045D_{it} - 0.004T_{it} + 0.027D_{it}T_{it} \\
\qquad\quad + 0.042C_1 - 0.025C_2 \\
Y_{it}(L) = 1.438 - 0.245D_{it} + 0.164T_{it} + 0.319D_{it}T_{it} \\
\qquad\quad + 0.11C_1 - 0.054C_2
\end{cases}
$$

评价结果显示，分组变量的系数 β_1 除在自然资本模型中不显著外，在其他各项生计资本模型中均于 5% 的水平上显著，且 $\beta_1 <$ 0。时间变量的系数 β_2 在物质资本、社会资本和生计资本总值模型中通过了显著性水平 5% 的检验，且 $\beta_2 > 0$；但在自然资本、金融资本和人力资本模型中并不显著。交互项的系数 β_3 分别在物质资本、金融资本、社会资本和生计资本总值模型中通过了显著性检验，且 $\beta_3 > 0$；但在自然资本和人力资本模型中不显著，详见表 6-9。在控制变量中，系数 α_1 除在金融资本模型中不显著外，在其他各项生计资本模型中均显著；系数 α_2 除在自然资本和社会资本模型中不显著外，在其他各项生计资本模型中均显著。

表 6-9 农村贫困家庭各生计资本的 DID 模型评价结果

研究变量	系数	模型 1	模型 2	模型 3	模型 4	模型 5	模型 6
		自然资本	物质资本	金融资本	人力资本	社会资本	生计资本
常量	β_0	0.223	0.275	0.372	0.319	0.249	1.438
分组变量 (D_{it})	β_1	-0.005	-0.036**	-0.046**	-0.045***	-0.113***	-0.245***
时间变量 (T_{it})	β_2	0.011	0.044**	0.037	-0.004	0.076***	0.164***
交互变量 ($D_{it}T_{it}$)	β_3	0.006	0.058**	0.062*	0.027	0.165***	0.319***
所在村的社会经济发展水平 (C_1)	α_1	-0.019***	-0.015*	0.003	0.042***	0.099***	0.110***
所在村的道路条件 (C_2)	α_2	0.005	-0.012**	-0.018**	-0.025***	-0.003	-0.054***
R^2	—	0.015	0.030	0.020	0.072	0.670	0.239

资料来源：作者根据软件 SPSS20.0 运行结果整理得出。

注：*** 表示在 1% 水平下显著；** 表示在 5% 水平下显著；* 表示在 10% 水平下显著。

模型评价结果表明，在光伏扶贫项目实施前受益农户的物质资本、金融资本、社会资本、人力资本和生计资本总值均显著小于非受益农户。在两个观测时间上非受益农户物质资本、社会资本和生计资本总值增长显著，而自然资本、金融资本和人力资本的变化并不明显。光伏扶贫项目对受益农户物质资本、金融资本和社会资本增加的净效应分别为5.8%、6.2%和16.5%，且对其生计资本总值增加的净效应为31.9%。此外，我们发现所在村的社会经济发展水平对光伏扶贫项目受益农户的社会资本、人力资本和生计资本总值存在一定的正向影响；而村庄的交通条件对光伏扶贫受益农户物质资本、金融资本、人力资本和生计资本总值的变化产生负向小规模影响。

6.3.4　稳健性检验

1. PSM-DID

本书采用双重差分法估计了光伏扶贫项目的减贫效果，其处理组和对照组是随机选择的。因此，为了避免项目受益户和非受益户在分组时产生的样本自选择的情况，本书采用PSM-DID的方法对两组数据进行倾向得分匹配分析，以得到更稳健的结论。事实上，农村贫困家庭的家庭特征各自不同，且光伏扶贫项目的受益户和非受益户的家庭特征（例如家庭整体受教育水平、家庭资产状况、家庭耕地面积以及劳动力占比等）存在很大的差别，所以，本书选取家庭整体受教育水平、家庭资产状况、家庭耕地面积和劳动力占比四个变量进行匹配分析，开展稳健性检验。

由表6-10可以看出，匹配之前各个变量的均值检验显著性较高，表明在数据进行PSM匹配之前，光伏扶贫项目受益家庭与非受益家庭的家庭特征变量存在较大的差异。接着采用了1∶4的最近邻匹配的方式进行倾向得分匹配。最后，得到匹配后的光伏扶贫项目受益家庭与非受益家庭相关变量的均值比较结果。不难看出，匹配后几乎所有变量的均值差异都没有通过显著性检验。因此，可以认为排除了由农户家庭特征等变量所带来的自选择问题。表6-11显示了采用倾向得分匹配之后光伏扶贫项目的减贫效果检验结果，以生计资本总值作为整体模型因变量的结果与表 6-9 的检验结果基本一致。因此,结论通过稳健性检验。

表 6-10 匹配(PSM)前后变量均值检验结果

变量名	匹配前		匹配后	
	T 值	P 值	T 值	P 值
家庭整体受教育水平	1.15	0.249	−0.46	0.643
家庭资产状况	2.00	0.046	−0.90	0.369
家庭耕地面积	−1.28	0.201	0.13	0.894
劳动力占比	−3.32	0.001	−0.72	0.474

资料来源:作者根据软件 Stata 15.1 运行结果整理得出。

注: *** 表示在 1% 水平下显著; ** 表示在 5% 水平下显著; * 表示在 10% 水平下显著。

表 6-11 匹配(PSM)后的 DID 模型评价结果

研究变量	常量	分组变量 (D_{it})	时间变量 (T_{it})	交互变量 $(D_{it}T_{it})$	所在村的社会经济发展水平 (C_1)	所在村的道路条件 (C_2)	R^2
系数	β_0	β_1	β_2	β_3	α_1	α_2	
数值	1.436	−0.245***	0.164***	0.319***	0.111***	−0.053***	0.239

资料来源:作者根据软件 Stata 15.1 运行结果整理得出。

注: *** 表示在 1% 水平下显著; ** 表示在 5% 水平下显著; * 表示在 10% 水平下显著。

2. 不同类型资源地区的 PPAP 减贫净效应

为了进一步确定光伏扶贫项目的减贫效果,本书测度了我国不同类型太阳能资源区的 PPAP 减贫净效应。

光伏扶贫项目在不同太阳能光照资源区的减贫净效应见表 6-12。结果显示,分组变量的系数 β_1 在三类太阳能光照资源区模型中均通过了显著性水平 1% 的检验，且 $\beta_1<0$。表明在光伏扶贫项目实施前三类光照资源区受益农户的生计资本存量显著小于非受益农户。时间变量的系数 β_2 在三类太阳能光照资源区模型中均显著，且 $\beta_2>0$，其中 Type Ⅱ 模型中系数 β_2 在 1% 的水平下显著，Type Ⅰ 和 Type Ⅲ 模型中系数 β_2 在 5% 的水平下显著，表明在两个观测时间上非受益农户的生计资本存量增长显著。交互项的系数 β_3 在三类光照资源区模型中均通过了显著性检验，且 $\beta_3>0$。光伏扶贫项目分别对三类太阳能光照资源区受益农户生计资本增加的净效应为 27%、18% 和 41.6%。在控制变量中，系数 α_1 在三个模型中均通过了显著性水平 1% 的检验，且 $\alpha_1>0$。这意味着所在村的社会经济发展水平对光伏扶贫项目受益农户的生计资本存量存在一定的正向影响。此外，检验结果更加肯定了光伏扶贫项目确实改善了农村贫困家庭的生计资本。

表 6-12　不同太阳能光照资源区的 DID 模型评价结果

研究变量	系数	模型 7	模型 8	模型 9
		Type Ⅰ	Type Ⅱ	Type Ⅲ
常量	β_0	1.393	1.530	1.169
分组变量(D_{it})	β_1	−0.198***	−0.203***	−0.304***
时间变量(T_{it})	β_2	0.236**	0.494***	−0.178**
交互变量($D_{it}T_{it}$)	β_3	0.270***	0.180*	0.416***
所在村的社会经济发展水平(C_1)	α_1	0.089***	0.125***	0.164***
所在村的道路条件(C_2)	α_2	−0.019	−0.172***	0.027
R^2	—	0.223	0.435	0.221

资料来源：作者根据软件 SPSS20.0 运行结果整理得出。

注：***表示在 1% 水平下显著；**表示在 5% 水平下显著；*表示在 10% 水平下显著。

本书从五个生计资本维度对农村家庭生计资本变化进行测度，

结果表明，在光伏扶贫项目对生计资本产生的影响中，社会资本的净效益最大，其次是金融资本和物质资本。根据测量指标体系，社会资本指村干部的脱贫带头作用、贫困人口参与民主决策的机会以及向政府部门反映诉求的能力等。因此，基于政府主导的光伏扶贫项目在对贫困人口改善生活质量做出贡献的同时，强有力地增强了贫困家庭的社会资本，使得贫困人口通过政府部门、村干部等更多社会渠道实现脱贫[122,258]。此外，光伏扶贫项目确实增加了农村贫困人口的收入，这得益于近年来我国政府对光伏扶贫项目补贴制度的不断完善与光伏扶贫项目商业模式的不断创新[258]。

值得注意的是，光伏扶贫项目对农村家庭人力资本和自然资本的影响并不显著。人力资本主要通过家庭教育、劳动力占比和技能培训参与度来衡量，所以可能的解释是光伏扶贫项目在提高农村家庭生存能力（如知识、劳动、技能等）方面存在不足。目前来看，我国光伏扶贫项目主要的扶贫方式是发放项目补贴[9,259]。这种简单给予资金支持的方式不能激发个体脱贫的主观能动性，进而很难提高农村家庭人力资本存量[260,261]。在自然资本方面，光伏扶贫项目的影响也不显著，这可能是因为光伏扶贫发电系统即使会占据一定的土地面积，但是农户的耕地面积和质量并没有受到太大影响[262]。

此外，光伏扶贫项目对不同太阳能资源区农村家庭生计资本的提升效果存在差异，Type Ⅲ 的净效应最大，Type Ⅰ 次之，Type Ⅱ 的效果最小。可能的原因在于三类资源区建设了不同类型的光伏扶贫电站，其中，光照资源一区所在的宁夏和内蒙古等地区，由于幅员辽阔、人口稀少，其扶贫电站以户用型和集中式为主。光照资源二区普遍存在光伏扶贫电站类型多样化的特点，甘肃和山西两地均建设有全部三种类型的扶贫电站，一方面增加了建设、运维、监督、管理的难度[263]，另一方面集中式扶贫电站主要由企业出资建设和管理，可能存在大量的债务风险，进而影响项目的减贫效果[259,264]。而光照资源三区所在的湖北和河南等地的扶贫电站主要以村级电站为主。这种光伏扶贫电站的优势在于，一是便于扶贫收益的动态调整和电站的运维管理，二是不存在债务风险，三是发电

161

收入全部惠及贫困人口[259]。另一种可能的解释在于我国各地区光伏扶贫项目收益分配方式混乱不堪[258,260]，特别是光照资源一区所在的宁夏，农户每年仅收到 300~500 元不等的屋顶租赁费，这种收益分配模式严重影响了 PPAP 的扶贫效果。此外，在实地调研的 6 个县中，多数贫困县未出台村级光伏扶贫电站收益分配的细则，存在权力寻租的可能。

6.4　本章小结

　　本章在 PPAP 减贫机制研究的基础上，采用准实验研究方法，并利用实地调研的大量微观数据，从农村家庭视角评估了 PPAP 对贫困人口改善生计的实际贡献，量化了我国光伏扶贫项目的反贫困效果。首先，通过概率分布比较分析、均值比较分析和独立样本检验等方法对 PPAP 实施前后以及 PPAP 受益农户和非受益农户（即时间维度和组别维度两个维度）农村贫困家庭生计资本的变化进行分析。其次，采用双重差分方法构建 PPAP 减贫效果评价模型，评估 PPAP 对农村贫困家庭的实际减贫效果。结果表明，PPAP 对农村家庭生计资本总值增加的净效应为 31.9%，即光伏扶贫项目具有显著的减贫效应，可有效增强贫困家庭的社会资本、金融资本和物质资本，但对人力资本和自然资本没有显著影响。此外，光伏扶贫项目在中国三类太阳能光照资源区的反贫困效果具有差异性，其中，三类资源区拥有最高的减贫净效应，而二类资源区的减贫净效应最小。

第 7 章　光伏扶贫项目可持续减贫风险分析

随着光伏扶贫项目的深入推进和规模的不断扩大，在各类光伏扶贫项目实施运营过程中，仍然存在诸多风险，制约了光伏扶贫项目减贫的可持续发挥。因此，本章在前面章节对光伏扶贫项目减贫路径和减贫效果分析的基础上，采用案例研究方法对我国光伏扶贫项目可持续减贫风险进行分析。结合我国光伏扶贫项目减贫机制与不同模式光伏扶贫项目可持续发展特征，从光伏扶贫项目发展全过程的角度提出我国光伏扶贫项目可持续发展的改进策略。光伏扶贫项目的可持续发展是关乎未来 20 多年能否持续发挥减贫效用的重要问题。如果光伏扶贫项目的运作环节不到位、实施过程不规范，很可能产生光伏扶贫项目投融资模式风险、招投标环节风险、电站建设质量和产品质量风险、竣工验收风险、运维管理风险以及收益分配风险等各种风险，进而影响光伏扶贫项目的可持续减贫。

7.1　投融资模式风险分析

光伏扶贫项目初始投资大、成本回收期长，由于政府无法一次性付清光伏扶贫项目建设的全额资金，企业、银行贷款等各类资本的融资是一种解决光伏扶贫项目初始建设资金匮乏问题的有效办法。然而，光伏扶贫项目融资不当所造成的部分债务风险也不同程度转嫁到当地政府和贫困户身上，从而影响了光伏扶贫项目的可持续减贫，在实地调研中不乏这样的案例。

一是湖北省某县村级光伏扶贫项目(本书预调研涉及的案例)就存在类似的问题，即贫困户承担了光伏扶贫项目的部分债务风险。2017年湖北某公司在湖北省选择5个建设地点分别建设实施6MW光伏扶贫项目，该项目总投资2.1亿元，政府占比80%，投资1.68亿元，其中贫困户签订"四方协议"后每户获得小额扶贫贷款5万元入股到该公司，共贷款1亿元，政府配套投资0.68亿元，社会资本投资0.42亿元。若按照光伏扶贫项目为贫困农户持续增收20年计算，该地光伏扶贫项目实施前5年每年按贷款金额6%，即每年将600万元用于贫困户扶贫分红，可覆盖2000个贫困户，每户每年增收3000元；政府年均收益为2225万元，其余部分用于偿还银行贷款。在保证扶贫资金的分配下6年左右可以还完银行贷款。第七年项目开始产生纯收益，年均收益1690万元，后14年总收益2.366亿元(表7-1)。而政府投资金额中的50%是利用贫困户小额扶贫贷款，贷款主体是贫困户而非政府，这实际上给贫困户增加了债务负担。按照投资规划，在2017年至2022年(5年)，该光伏项目仅有3600万元用于贫困户分红，占总收益的27%，其余73%的收益用来偿付银行贷款。由于债务主体的原因，5年内的金融

表 7-1　某村级 PPAP 投融资规划

年份	总收益 (万元)	贫困户总体分红 (万元)	贫困户分红占总收益比例	贫困户累计分红 (元/户)	返还贷款金额 (万元)	返还贷款占总收益比例
2017—2022	13350	3600	27%	18000	9750	73%
2023—2033	18590	6600	36%	51000	0	0%
2034—2036	5070	1800	36%	60000	0	0%
合计	37010	12000	32%	—	9750	26%

数据来源：根据某县提供的资料整理得出。

债务风险由贫困户承担。截至 2022 年，贫困户只能拿到 18000 元项目收益分红。在 2023 年至 2033 年 10 年内，用于贫困户分红的金额共计 6600 万元，占总收益的 36%，剩余 64% 在规划文件中并无明确说明。依照贫困户每年分红 3000 元计算，截至 2033 年贫困户才可完全收回 5 万元的扶贫贷款。在 2017 年至 2036 年共 19 年中，用于贫困户分红的资金仅占总收益的 32%，返还贷款金额占总收益的比例为 26%，其他 42% 的 PPAP 收益则无明确说明。

　　二是河南省某县村级光伏扶贫项目建设过程中出现严重拖欠工程款的现象。该县在全县 172 个建档立卡贫困村实施村级光伏扶贫项目，每村投资 350 万元，建设 300 千瓦和 200 千瓦光伏项目各一座（共 500 千瓦）。项目总投资 6.04 亿元，总规模 68.3 兆瓦。在建设过程中，由该县城市建设投资开发有限公司通过公开招标，确定了甲、乙两家企业为建设单位，负责全县村级光伏扶贫项目的承建工作。然而，调研资料显示，在村级光伏扶贫项目中，截至 2018 年 6 月共支付甲公司约 25% 的结算款（3100 万元），还需支付该公司 1.014 亿元；共支付乙公司一期工程 50% 的结算款（1.05 亿元），三期工程 18% 的结算款（2800 万元），还需支付该公司 2.345 亿元。据此，该县共拖欠工程款 3.359 亿元，占投资总额的 55.613%。因此，该县政府财政能否按期偿还如此巨额的债务，对光伏扶贫项目能否正常持久开展是一个巨大的挑战，与此同时严重影响了贫困村、贫困户可持续增收。

　　基于上述分析，本书认为应高度重视光伏扶贫项目投融资风险。各省（区）地方各级政府应高度重视已建成的光伏扶贫项目的投融资和债务问题，逐步化解光伏扶贫电站的债务风险。对于有企业投资入股或政府负债建设的村级光伏扶贫项目，县（市）政府应当统筹调配各级财政资金、东西协作定点帮扶和社会捐赠资金，尽快制订回购或还款计划。对于无力回购或还款有困难的县（市）政府，应尽快请求国务院扶贫办或上一级政府给予政策和资金的倾斜。对于利用贫困户名义进行贷款融资的光伏扶贫项目，县（市）政府一方面应避免在新的光伏扶贫项目建设中采用这种融资模式，另一方面应在合同中提高贫困户的分红比例，明确政府在贷款过程中的担保地位，缩短返还贫困户本金的时间，大幅度降低贫困户的债务风险。

7.2　招投标环节风险分析

《光伏扶贫电站管理办法》要求村级光伏扶贫项目由县级及以上政府统一招标建设，按照"规划、设计、施工、验收、运维"五统一的原则实施。公开招标的项目必须符合《中华人民共和国招标投标法》《中华人民共和国招标投标法实施条例》及各个省颁布的国家投资工程建设项目招标投标条例。公开招标规模需达到工程项目200万元以上，服务项目50万元以上，设备采购项目100万元以上。此规模以下的项目按照各个省颁布的相关文件进行。《湖北省招投标管理办法》规定，施工单位合同估价在200万元以上的工程需进行招标。然而，对于装机容量较小的单个村级光伏扶贫项目而言，其总投资均在200万元以下。例如，湖北省一些村级光伏扶贫项目每座装机50千瓦，投资在35万元左右，由乡镇一级进行自主招标（工程合同估价在50万元以下）。这种招标级别对招标企业资质要求较低，且没有光伏项目专业的评标专家参加评标。因此，中标企业虽然具有光伏扶贫项目建设资质，但提供的光伏板、逆变器等产品质量往往比较低劣，很难保证光伏项目的高水平、高质量建设，进而影响扶贫项目的发电效率和可持续发展。

本书认为应进一步规范光伏扶贫项目招投标程序。对于新建的光伏扶贫项目，在项目招投标环节，无论规模大小，无论是县级统一招投标，还是乡镇自行开展招投标，均应邀请内行专家参与评标，以保证中标企业具有合格的建设资质、采用高质量的光伏组件，进而保证扶贫电站的建设质量。此外，对于由乡镇进行自主招标的小型村级光伏扶贫项目，在项目招投标和建设过程中，县级扶贫办和能源局应加强监管，避免低价中标企业采用劣质光伏组件，以影响光伏扶贫项目的可持续运行和长效减贫。

7.3　电站建设质量和产品质量风险分析

　　光伏扶贫项目的产品质量和建设质量是保证光伏扶贫项目持续运行的基础。然而，调研发现一些光伏扶贫项目为了赶工期、赶补贴政策的时间节点，简化了招投标程序，埋下了质量隐患。2017年上半年，全国各地均在抢抓"6·30"并网发电政策机遇，加之环保硬性约束增强，光伏组件等原材料供不应求，对光伏电站建设质量造成直接影响。少数项目施工质量较差，在基础设计、安装角度、支架强度等环节上达不到要求，个别电站存在一定安全隐患。安徽省金寨县在抽检的 4800 户户用型光伏扶贫项目质量时，发现有 1099 户的逆变器存在质量问题，故障率高达 22.9%。截至 2018年 11 月，在逆变器 5 年质保期和光伏组件 10 年质保期内，该县已更换 710 台逆变器和 156 户光伏板。在甘肃省定西市通渭县某村的实地调研过程中，多数贫困户反映自家光伏电站已长时间损坏闲置，无法正常发电。目前已更换 12 台光伏相关设备。究其原因在于当地电网线路老化，无法同时带动多个用电设备正常运行，导致光伏设备在运行过程中损坏。湖北省部分光伏扶贫项目施工质量存在问题，线缆敷设不符合要求，无固定和保护措施，部分光伏板金属外壳未接地、光伏板间距不合理、存在遮挡，部分光伏板上灰尘杂草堆积；部分项目使用组件质量不高，使用的是次级光伏组件，项目年实际发电量大幅低于设计年发电量，部分电站汇流箱、配电柜等设备无铭牌；少数项目电气设备接地等安全防护措施不到位，电站周围无围栏和警示牌，少数地方安全意识不强，安全管理制度不健全，安全责任未落实。一些光伏扶贫项目自建设发电以来，在基础和结构方面出现了基础风化、螺栓锈蚀和支架歪斜等现象，使用寿命令人担忧。存在建设质量和产品质量风险的光伏扶贫项目比比皆是，成为影响光伏扶贫项目可持续减贫的重要因素。

因此，各省（区）扶贫办、发改委（能源局）应督促县（市/区）对光伏扶贫项目的产品质量和建设质量迅速开展自查整改工作，要开展全面排查，做到心中有数，对存在质量问题的光伏扶贫项目，要采取补救措施，认真整改到位。建设质量存在问题的，要督促建设单位抓紧整改；产品质量存在问题的，要及时更换合格的产品。对于新建电站，应从源头把控，尽量采用"领跑者计划"产品，必须严格审核组件的质量等级。

7.4 电站运维管理风险分析

光伏扶贫项目的后期运维管理是光伏扶贫项目持续减贫的重要保障，一方面，后期维护需要相对稳定的专业技术团队。另一方面，建立健全光伏扶贫项目后期运维机制至关重要。因此，如何对光伏发电系统进行高效、低成本管护，是影响光伏扶贫项目可持续减贫的最重要因素。然而，实地调研发现，光伏扶贫项目运维管理方面还存在很多问题。

1. 偏远、分散特征导致运维难度大

集中式地面光伏扶贫项目由于占地面积较大，一般建设在相对偏远、空旷的地方；户用型光伏扶贫项目建设则比较分散，不易集中管理，且存在一定安全隐患，故该类型光伏扶贫项目的后期维护管理难度较大。如金寨县地处山区，受自然条件的约束，户用型光伏扶贫项目运维存在一定困难，全县 7803 座户用型光伏扶贫电站分布在 218 个村，12 个镇，11 个乡，辐射范围达 3814 平方公里。

2. 光伏扶贫项目运维合同期过短阻碍运维的可持续性

目前绝大多数的村级光伏扶贫项目采用招标专业运维公司团队的方式进行项目运营维护管理，但是存在与运维公司的合同年限过短的问题，例如安徽省金寨县与某公司签订的村级光伏扶贫项目运维合同期只有 5 年。当前光伏逆变器有 5 年质保，光伏组件有 10 年质保的强制保修规定，在光伏电站运行 5 年之后，产品质量问题会逐渐暴露出来，这会导致项目运维的成本大大提高，同时也会给运维公司的续约和重新招标带来更大的麻烦，最终导致电站组件不堪重负，而运维管理却后继无人的情况。此外，对于户用型光伏扶贫项目的运维而言，该公司与金寨县签订的运维合同期限仅 3 年，3 年后的运维工作由谁负责存在一定的不确定性，这对户用型光伏扶贫项目运维的可持续性同样具有一定影响。

3. 光伏扶贫项目运维责任不明确，责任主体落实不到位

光伏扶贫项目应建立分工明确、责任主体落实到位的运维机制，才能使运维工作持续有效地进行下去，确保扶贫项目的可持续减贫。目前，我国主要存在 3 种类型的运维承担主体。其一，由开展光伏扶贫项目的贫困县主导，统一进行招投标，具有运维能力的中标企业承担该县光伏扶贫项目的运维工作，例如湖北省红安县全县共建设 161 个光伏扶贫项目，装机总规模 61.556MW，实现 96 个贫困村和 1 万户贫困户扶贫全覆盖。该县所有光伏扶贫项目均由县政府主导统一运维，通过公开招标的方式聘请专业的运维管理公司对光伏扶贫项目进行统一运维。其二，扶贫项目的运维主体由项目的建设企业来承担。一般情况下此类企业在当地均建设拥有相当规模的大型地面集中式光伏扶贫项目。由建设企业对项目进行运维管护，既对扶贫项目相对了解，也拥有丰富的运维经验，还具有一定地缘优势。如安徽省金寨县装机规模为 145MW 大型联建项目由协鑫集团控股有限公司承建，并由该公司承担项目的运维工作，同时协鑫集团在金寨县还建设有装机容量 100MW 的地面集中式光伏扶贫项目。其三，光伏扶贫项目的运维主体由县供电公司来承担。其优势在于县供电公司拥有技术知识相对扎实的电力维护人员，且人员稳定。

然而，实地调研发现各地无论是户用型光伏扶贫项目还是村级光伏扶贫项目，运维管护工作不同程度地存在运维工作质量差、效

率低等问题，导致项目的发电效率低下。究其原因关键在于运维管理责任不够明确、责任主体没有落实到位。例如，湖北省很多村级自建的光伏扶贫项目和户用型光伏项目，其后期运维管理的主体责任没有落实到位。

因此，需健全光伏扶贫项目运维管理机制。各省区和市县应遵循《光伏扶贫电站管理办法》，健全光伏扶贫项目的运维管理机制，切实做好光伏扶贫项目的运维管理工作。对于分散的户用型光伏扶贫项目，建议由县(市)委托国网县(市)供电公司(乡镇供电所)承担其运维管理任务，运维经费由县(市)政府统筹安排。对于村级光伏扶贫项目，建议由县(市)政府统一组织招标具有运维资质和能力的光伏企业，承担全县(市)光伏扶贫电站的运维工作。对于地面集中式光伏扶贫项目的运维主体，建议由光伏项目的建设(管理)企业来自主承担，这类企业具有丰富的光伏发电项目的运维经验。对于统一招标的村级 PPAP 的运维管理，应按国务院扶贫办有关规定从光伏发电收益中提取 10% 以内的运维管理经费。鼓励各县(市)与中标的运维企业签署长期的运维管理合同，至少 10 年以上。

7.5　项目收益分配风险分析

《光伏扶贫电站管理办法》指出："光伏扶贫电站是以扶贫为目的，在具备光伏扶贫实施条件的地区，利用政府性资金投资建设的光伏电站，其产权归村集体所有，全部收益用于扶贫。"然而，从课题组实地调研的情况来看，在收益分配的过程中，存在将光伏扶贫项目收益用于壮大村集体经济的份额过大，直接用于贫困户增收的比例过小现象。有些贫困村甚至将光伏扶贫项目的全部收益用于村集体经济提留。本书以长阳县、上蔡县、通渭县、天镇县和金寨县为例，各贫困县村级光伏扶贫项目收益分配方式及每种分配方式占比见表 7-2。

表 7-2　村级光伏扶贫项目收益分配情况汇总

收益分配方式		贫困户	村集体				其他(还贷、运维、税费)	合计
			公益事业	救助	奖补	公益性岗位		
长阳县	金额(万元)	—	10	2	2	6	—	20
	占比(%)	—	50	10	10	30	—	—
上蔡县	金额(万元)	32.7	9.35	2.3	2.3			46.65
	占比(%)	70	20	5	5			
通渭县	金额(万元)	4.2	11.4	—	—	15.6	8.8	40
	占比(%)	10.5	28.5			39	22	
天镇县	金额(万元)	6	—	—	—	4		10
	占比(%)	60				40		—
金寨县	金额(万元)	20.88	6	2	0.9	—	—	31.78
	占比(%)	70	20	7	3			

数据来源：作者根据长阳县、上蔡县、通渭县、天镇县和金寨县提供的资料整理得出。

　　湖北省长阳县村级光伏扶贫项目的收益全部用于村集体提留，其中公益事业占 50%，大学生奖补及小型救助各占 10%(含非贫困户)，公益性岗位占 30%，而直接惠及贫困户的项目收益占比为零。在甘肃省通渭县村级光伏扶贫项目的收益分配中，村集体经济提留占全部收益的 67.5%，其中公益事业占 28.5%，公益性岗位占 39%，而用于贫困户直接增收的比例仅为 10.5%。因此，在村级光伏扶贫项目的收益方面，存在将项目收益用于壮大村集体经济的份额过大现象，无法更多地惠及贫困户。

　　因此，需要完善光伏扶贫项目的收益分配制度。各县(市/区)应尽快制定具有可操作性的光伏扶贫项目收益分配办法(细则)，使村级光伏扶贫项目的收益分配有法可依、有据可查。各县(市/

区)扶贫办应督促完善光伏扶贫项目收益分配程序,确保光伏扶贫项目收益分配程序公开透明。村级(联村)光伏扶贫项目收益分配,要坚持贫困户和壮大集体经济并重、以贫困户受益为主的导向,以确保贫困村和贫困户从光伏扶贫项目中长期受益。

7.6 本章小结

本章主要采用案例研究方法对我国光伏扶贫项目可持续减贫风险进行了分析,主要包括光伏扶贫项目的投融资模式风险、招投标环节风险、电站建设质量和产品质量风险、竣工验收风险、运维管理风险以及收益分配风险等各种风险。然后,从光伏扶贫项目发展全过程的角度提出我国光伏扶贫项目可持续减贫的发展策略,即,高度重视光伏扶贫项目投融资风险,进一步规范光伏扶贫项目招投标程序,推进光伏扶贫项目电站质量整改,健全光伏扶贫项目运维管理机制以及完善光伏扶贫项目收益分配制度等。

第 8 章　结论与展望

本章对前面各章进行了归纳和总结，提炼了本书主要研究结论和光伏扶贫项目可持续减贫的政策建议，并指出本书的研究不足和未来研究展望。

8.1　研究结论

光伏扶贫项目是一项将太阳能产业发展与消除贫困有机结合的创新举措，旨在改善中国农村贫困家庭的生计。现有研究从不同角度探讨了我国PPAP的发展现状与困境、电站模式与运营、项目绩效与风险、项目融资以及利益相关者之间的博弈过程。然而，光伏扶贫项目能否使贫困家庭真正受益以及如何受益在很大程度上还是未知的。与以往世界其他国家在该领域的研究不同，本书在总结和运用可行能力理论、赋权理论、可持续发展理论以及参与式发展理论的基础上，结合现有文献和对国内外反贫困与光伏扶贫项目发展的研究述评，界定了贫困人口减贫内生动力的测量维度，从内生动力视角对可持续生计理论进行适应性调整，构建了基于可持续生计的光伏扶贫项目减贫机制的理论模型，通过对国内 9 个贫困县的1112 户建档立卡贫困户进行问卷调查，运用结构方程模型、中介效应分析、重要性-绩效映射图分析、多组比较分析等方法对提出的理论模型和研究假设进行了验证。然后，基于准实验研究，通过概率分布比较、均值比较、独立样本检验、双重差分回归模型等方法分析了 PPAP 实施前后农村家庭生计资本的变化情况，量化了我国光伏扶贫项目的减贫净贡献。最后，基于案例研究法进行风险分析并提出我国光伏扶贫项目可持续减贫的政策建议。根据理论探索和实证检验，本书得出了以下研究结论：

1. 光伏扶贫项目对农村贫困家庭的生计资本、内生动力、生计策略和生计结果均产生了显著的正向作用

研究结果显示，PPAP 对农户生计资本、生计策略和生计结果的影响均显著，且路径系数分别为 0.159、0.246、0.026；PPAP 对农村贫困人口的内生动力的影响也比较显著，对思想动力的作用系数为 0.151，对行为动力的作用系数为 0.126，表明 PPAP 不仅可以显著增强农户生计资本、生计策略和生计结果，还对农村贫困人口内生动力的提升产生显著的正向作用。此外，贫困农户的内生动力对生计策略和生计结果的影响显著，表明贫困农户内生动力的培育可以显著增强贫困家庭的生计策略，并改善贫困家庭的生计结果，进而提高其生活质量。贫困家庭的生计资本和生计策略也对其生计结果产生显著的正向影响。因此，对于农村贫困家庭来说，其生计资本的积累和生计策略的增强可有效改善农户的生计结果。在受 PPAP 影响的生计资本、生计策略、生计结果、思想动力以及行为动力五个变量中，PPAP 对生计策略的影响最大，其次为生计资本、思想动力和行为动力，PPAP 对生计结果的影响系数最小。因此，PPAP 对农村贫困家庭生计策略的改善作用最大，即 PPAP 发展越好，越能促进贫困家庭生计策略的改善。相比之下，PPAP 对贫困家庭生计结果的改善作用相对较小，可能的原因在于，我国的光伏扶贫项目是一项政府主导的扶贫产业，其最主要的扶贫方式是发放项目补贴，进而促进贫困家庭摆脱贫困，而这种简单且单一的增收方式对贫困家庭生计结果的改善相对较小。但从总体上来看，PPAP 发展对贫困家庭生计结果的改善表现出显著的促进作用。在 PPAP 发展的测量模型指标构成中，PPAP 收益预期保障与资源配置效应对 PPAP 发展的贡献度最大，其次为 PPAP 环境效应和参与

式发展效应。从内生动力发挥效能来看，本书认为贫困人口的内生动力可有效促进贫困家庭生计结果的改善。

2. 光伏扶贫项目对农村贫困家庭生计结果的影响，部分通过中介变量生计资本、内生动力以及生计策略来实现，即光伏扶贫项目对农户生计结果存在一定程度的间接影响

研究表明，PPAP 对农村贫困家庭生计结果的影响，部分通过中介变量内生动力来实现，即 PPAP 对农户生计结果存在一定程度的间接影响。其中，思想动力的中介效应占总效应的比值为 34.7%，行为动力的中介效应占总效应的比值为 41.3%。PPAP 对生计结果的影响部分通过中介变量农户生计资本来实现，即 PPAP 作用的发挥，有 34.8%需要借助农户生计资本的积累水平来实现。同时，PPAP 对生计结果的影响部分通过中介变量农户生计策略来实现，且 PPAP 减贫作用的发挥有 52.4%需要借助农户生计策略的强化来实现。因此，我们有理由认为光伏项目实际上提供了挖掘个人潜力的服务，并帮助他们实现经济目标。PPAP 对可持续生计有多重间接影响。内生动力和生计策略在 PPAP 与生计结果之间的平行中介作用显著。

3. 对于非农型农户、高节能习惯家庭、高学历水平的贫困家庭而言，光伏扶贫项目对生计结果的影响相对显著；而对于非农型农户、低节能习惯家庭、低学历水平的贫困家庭来说，光伏扶贫项目对生计资本的影响相对显著

本书基于 PLS-SEM 的多组对比分析方法，探讨了 PPAP 对不同家庭特征群组的减贫差异。研究结果显示，在不同农业收入占比农户分组中，PPAP 对非农型农户的生计资本、生计结果、思想动力所产生的影响要明显高于对农业收入占比相对较高的农户的影响；在不同节能习惯农户分组中，PPAP 对高节能习惯家庭生计结果改善所产生的影响要明显高于对低节能习惯家庭的影响，而对高节能习惯家庭生计资本积累所产生的影响低于对低节能习惯家庭的影响。在不同受教育程度农户分组中，PPAP 对高学历家庭的生计结果所产生的影响要明显高于对低学历家庭的影响，而 PPAP 对低学历家庭的生计资本积累所产生的影响大于对高学历家庭的影响。因此，对于非农型农户、高节能习惯家庭、高学历水平的贫困家庭而言，光伏扶贫项目对生计结果的影响相对显著；而对于非农型农户、低节能习惯家庭、低学历水平的贫困家庭来说，光伏扶贫项目对生计资本的影响相对显著。此外，在不同年龄农户分组中，对于平均年龄为 40 岁及以下的家庭来说，思想动力对农户生计策略的影响显著。但对于平均年龄为 40 岁以上的家庭而言，思想动力对农户生计策略的影响不显著。因此，思想动力对低龄家庭的生计策略所产生的影响要明显高于对高龄家庭的影响。

4. 对于高光伏发电认知和高光伏扶贫项目认知家庭来说，光伏扶贫项目对生计资本、思想动力和生计策略的影响相对显著，且对高认知家庭生计结果的影响，部分通过中介变量思想动力来实现

本书进一步比较分析了 PPAP 对不同光伏发电认知和 PPAP 认知群组的减贫路径。研究结果显示，在不同太阳能光伏发电认知农户分组中，PPAP 对高光伏发电认知家庭的生计资本、思想动力和生计策略所产生的影响大于对低光伏发电认知家庭的影响。在不同光伏扶贫项目认知农户分组中，PPAP 对高 PPAP 认知家庭的生计资本、思想动力和生计策略所产生的影响也明显大于对低 PPAP 认知家庭的影响。此外，两个分组中介效应的检验结果显示，PPAP 对低光伏发电认知和低光伏扶贫项目认知家庭生计结果的影响，部分通过中介变量行为动力来实现；对高光伏发电认知和高光伏扶贫项目认知家庭生计结果的影响，部分通过中介变量思想动力来实现。

5. 我国光伏扶贫项目对农村贫困家庭生计资本改善具有积极的作用，且对农村家庭生计资本综合值增加的净效应为 31.9%

首先，概率分布比较和均值比较分析的结果表明，在 PPAP 实施前，受益家庭的生计资本存量显著低于非受益家庭，这意味着中国的 PPAP 可以精确地定位那些应该是光伏扶贫项目受益者的农村家庭，进而验证了 PPAP 在选取帮扶对象方面"精准识别"的能力。其次，双重差分回归模型评估结果显示，光伏扶贫项目对农村家庭生计资本总值增加的净效应为 31.9%，这表明光伏扶贫项目具有显著的减贫效果。其中，对贫困家庭社会资本、金融资本和物质资本具有显著的积极影响（其净效应分别为 16.5%、6.2%、5.8%），但对人力资本和自然资本表现不佳。此外，光伏扶贫项目在中国三类太阳能光照资源区的反贫困效果存在地域差异性，第三类太阳能光照资源区拥有最高的减贫净效应，而第二类资源区的减贫净效应最小，其减贫效应依次为：Type Ⅲ（41.6%）> Type Ⅰ（27%）> Type Ⅱ（18%）。

8.2 政策建议

本书基于上述研究结论，提出以下政策建议：

1. 鼓励在减贫效果最好的第三类太阳能资源区大力发展光伏扶贫项目，充分发挥光伏扶贫项目减贫作用

研究表明，光伏扶贫项目对农村贫困家庭的生计资本、内生动力、生计策略和生计结果均产生了显著的正向作用，且对农村家庭生计资本总量增加的净效应为 31.9%。但是在提升人力资本方面表现不佳，且在光伏扶贫项目实施的三类太阳能资源区中，Type Ⅲ 资源区的减贫效果最大，Type Ⅰ 资源区次之，Type Ⅱ 资源区最小。因此，本书建议政府相关部门可提高光伏扶贫项目的扶贫投入。与此同时，应根据不同地区的实际情况，综合考虑当地 PPAP 实施效率和实际的扶贫效果，而不全是依靠当地政府报告配额和贫困人口的数量制订光伏扶贫计划。鼓励在减贫效果最好的 Type Ⅲ 太阳能资源区大力发展光伏扶贫项目，而对于光伏扶贫项目减贫效应较小的 Type Ⅰ 和 Type Ⅱ 太阳能资源区，应该结合当地实际情况适当确定项目规模。此外，收益分配方式应该更加多样化，对于有劳动能力的光伏扶贫受益家庭，应采取设立公益岗位等形式使贫困人口通过劳动获得收入，激发贫困人口减贫的自觉性和主动性，进而提升贫困家庭的人力资本存量。

2. 加强贫困人口内生动力的培育，促进贫困农户"造血式"减贫发展

研究表明，光伏扶贫项目对农村贫困家庭生计结果的影响，部分通过中介变量内生动力来实现。其中，思想动力的中介效应占总效应的比值为 34.7%；行为动力的中介效应占总效应的比值为 41.3%，即贫困人口内生动力的提高有助于促进光伏扶贫项目对贫困农户贫困状态的改善，进而更好地推动贫困人口实现脱贫致富。换句话说，内生动力的培育是光伏扶贫项目促进贫困农户减贫的催化剂。近年来，随着习近平总书记新时期扶贫开发战略思想的形成和脱贫攻坚战的胜利完成，扶贫同扶智、扶志紧密结合是中国贫困人口可持续发展的必然要求。激发贫困人口的内生动力可以作为一种手段，一方面催生贫困人口脱贫的思想动力，另一方面释放贫困人口脱贫的行为动力。中国的扶贫模式要将外部扶贫与内部扶贫相结合，未来的扶贫工作应该建立在合理利用扶贫资源的基础上，不仅要考虑外部性减贫策略，更要重视贫困人口内生动力的培育，进而构建贫困主体与扶贫措施"双向造血"的长效贫困治理模式。

3. 应以非农型农户、高节能习惯家庭或者高平均学历水平的贫困家庭为切入点，加强户用型光伏扶贫项目的技术指导，释放我国光伏扶贫项目减贫潜力

研究表明，光伏扶贫项目对非农型农户、高节能习惯家庭、高学历水平的高综合素质贫困家庭生计结果产生了显著的影响。同时，光伏扶贫项目对非农型农户的生计资本、思想动力、行为动力和生计策略的影响均显著；对高节能习惯家庭的思想动力、行为动力和生计策略的影响均显著；对高学历水平农户的思想动力和生计策略的影响也显著。因此，本书建议对户用型光伏扶贫项目的采纳推广初期（村级光伏扶贫项目和集中式光伏扶贫项目无须推广采纳)，应以非农型农户、高节能习惯家庭或者高平均学历水平的贫困家庭为切入点，针对这些贫困群体开展光伏扶贫项目相关知识的宣传科普活动，充分发挥高综合素质贫困农户的引领示范作用，以引导我国农村贫困地区主要群体对光伏扶贫项目的参与和采纳欲望，释放我国光伏扶贫项目的减贫潜力。

4. 加大光伏扶贫项目宣传力度，提高贫困农户对光伏扶贫项目的认知度

研究表明，与低光伏发电认知和低光伏扶贫项目认知的贫困家庭相比，光伏扶贫项目对高光伏发电认知和高光伏扶贫项目认知家庭的生计资本、思想动力以及生计策略的影响更为显著。这意味着贫困农户对太阳能光伏发电以及光伏扶贫项目的良好认知度，可有效促进贫困人口生计资本存量的积累、思想动力的激发以及生计策略的增强，进而达到减贫目标。因此，本书建议政府相关部门要充分利用村部宣传通道与大众传媒，如驻村扶贫干部、村干部、电视公益广告、宣传手册或者画报等途径，向贫困人群传递光伏发电与光伏扶贫项目的相关知识，以提升贫困农户对光伏扶贫项目的认知度，进而加快贫困人口减贫致富。

5. 制定光伏扶贫项目健康发展长效机制，确保贫困农户从光伏扶贫项目中长期受益

研究表明，经过 2013 年至 2017 年五年的定向光伏扶贫项目推进，中国试点贫困家庭的贫困状况有了一定程度的改善，光伏扶贫项目受益家庭的生计资本存量明显增加，但是光伏扶贫项目是一项长期发展的工作，因此，本书建议尽快制定光伏扶贫项目健康发展长效机制。具体来说，应规范光伏扶贫项目的电站类型，鼓励新建便于光伏电站全过程管理的村光伏扶贫电站；针对企业投资建设的地面集中式光伏扶贫项目，地方政府应统筹调配各级财政资金逐步化解光伏扶贫项目的债务风险，对于有企业投资入股或政府负债建设的村级光伏扶贫项目，各级政府应当统筹调配各级财政资金、东西协作定点帮扶和社会捐赠资金，尽快制订回购或还款计划；地方

179

政府因地制宜尽快制定具有可操作性的光伏扶贫电站收益分配办法，完善光伏扶贫项目收益分配程序，使光伏扶贫项目的收益分配有法可依、有据可查，进而确保贫困村和贫困户从光伏扶贫项目中长期受益。

8.3　研究不足与未来研究展望

从整体上来看，本书以可持续生计为研究视角对光伏扶贫项目的减贫机制进行了探索，基本实现了研究目标预期，取得了创新性的研究成果，丰富和延展了现有扶贫理论，研究结论具有理论和应用价值。然而，本书也存在一定程度的局限性，这些局限可能会对未来该领域研究提供一定契机，具体表现如下：

1. 多角度、多主体参与的光伏扶贫项目减贫研究

本书主要以可持续生计分析框架作为光伏扶贫项目减贫的评估模型。可持续生计分析框架较为系统地包含了影响贫困的主要因素，能够较好地解释贫困产生的原因及其复杂性。然而，尽管本书将测量内源性贫困的内生动力维度纳入传统可持续生计理论，但是仅仅从该视角出发难免会忽略了其他重要因素，由此产生分析的片面性。在可持续生计分析框架中，用以衡量贫困农户生计资本、内生动力、生计策略和生计结果的相关指标也应根据不同研究对象加以调整，各指标间可能存在相互交叉关系。另外，由于光伏扶贫项目是一件新生事物，其发展时间较短，无法获得更长时间跨度的数据来支持和扩展研究结论。

随着光伏扶贫项目的进一步发展，基于多角度、多主体参与的光伏扶贫项目减贫研究将成为未来研究的重要议题。为了更系统和科学地探索光伏扶贫项目的减贫机制，未来的研究应继续在现有光伏扶贫项目受益农户为研究对象的基础上，将其他相关利益主体纳入进来，例如政府、光伏企业等不同参与主体。在研究角度方面，未来的相关研究可基于多主体博弈、多主体模拟仿真等视角开展光伏扶贫项目减贫作用研究，以增强研究的科学性与普适性。

2. 光伏扶贫项目在乡村振兴阶段的防返贫机制研究

本书在总结现有光伏扶贫项目相关文献和运用贫困相关理论的基础上，利用实地调研的大量问卷数据，从农村农户微观视角构建了基于可持续生计的光伏扶贫项目减贫机制理论模型，分析了光伏扶贫项目减贫的内部作用机制，评估了该项目对贫困人口改善生计的实际贡献。随着我国 2020 年脱贫攻坚战的完全胜利，现行标准下绝对贫困基本消除。然而，反贫困依然是一项长期任务，后续扶贫工作将由脱贫攻坚向乡村振兴和缓解相对贫困的衔接方面转变，我国扶贫战略将转向巩固现有脱贫成效、防返贫以及高质量扶贫等。此外，光伏扶贫项目既是造福贫困人口的民生工程，也是壮大贫困村集体经济的有效举措，而本研究缺乏对贫困村层面的相关探索。

因此，在未来研究中，可从光伏扶贫项目在乡村振兴阶段的防返贫机制研究着手，基于改善贫困村集体经济视角探索光伏扶贫项目的防返贫作用，主要结合贫困村经济、社会、生态、环境以及基础设施建设等方面。另外，由于光伏扶贫项目发展时间较短，本书所获取数据的时间跨度为 2013 年至 2017 年，考虑到光伏扶贫项目可持续减贫特点，未来相关研究可以考虑延长研究时间跨度，例如未来 20 年或者更长时间。

3. 光伏扶贫项目对农村能源可持续发展的影响研究

由于本研究主题是基于可持续生计视角的光伏扶贫项目减贫机制研究，考虑到每个研究的有限目标，因此在设定研究范围时，重点考虑了光伏扶贫项目在缓解贫困方面的作用机理。但是从可持续发展角度来看，光伏扶贫项目的另一个重要功能在于发展农村清洁能源，促进农村地区节能减排，且农村清洁能源发展与贫困、环境和生态紧密相关。同时，我国相关政策强调重视能源和生态环境建设，加快贫困地区可再生能源开发利用，因地制宜发展太阳能、风能、生物质能等，推广应用生态能源建设项目。因此，未来可以考虑开展光伏扶贫项目对农村能源可持续发展的影响研究。我国一直是世界上最大的能源消费国，且农村能源已成为减缓碳排放增长的关键因素，不合理的能源消费及其发展模式所造成的能源污染是农村环境污染严重的重要原因，也影响着农村经济的发展和农户的生计。目前，在国家扶贫减贫与应对气候变化大政策下摸索出一条低碳可持续的农村可再生能源发展道路尤其重要。同时，未来研究可关注农村光伏扶贫项目对减贫和清洁能源发展的综合影响，积极探索农村清洁能源与减贫研究的契合点。

参 考 文 献

[1]国家统计局 . 2018 年全国农村贫困监测报告[EB/OL].
[2020-12-31]. http://www.stats.gov.cn/tjsj/zxfb/201902/t20190215_
1649231.html.

[2]国家能源局. 下达第一批光伏扶贫项目的通知[EB/OL].
[2020-12-31]. http://www. nea. gov. cn/2016-10/18/c _ 135762361.
htm.

[3]国家能源局. "十三五"第一批光伏扶贫项目计划下达[EB/
OL]. [2020-12-31]. http://www. nea. gov. cn/2018-01/08/c _
136880143.htm.

[4]WANG Z H, LI J X, LIU J, et al. Is the photovoltaic poverty
alleviation project the best way for the poor to escape poverty? ——A
DEA and GRA analysis of different projects in rural China[J]. Energy
Policy, 2020(137).

[5]JIN Q, CUI K, ZHANG H B, et al. Economic analysis of
photovoltaic generation considering electric energy replacement benefit
[M]. Lancaster: Destech Publications, Inc., 2018.

[6]ALSTONE P, GERSHENSON D, KAMMEN D M. Decentralized
energy systems for clean electricity access[J]. Nature Climate Change,
2015, 5(4).

[7]LIAO C, FEI D. Poverty reduction through photovoltaic-based
development intervention in China: Potentials and constraints [J].

World Development, 2019(122).

[8]JIN K Y, YANG J H, ZHAO B J, et al. Research on impacts of photovoltaic connected to rural grid considering time-varying characteristic[M]. New York：Ieee, 2018.

[9]LI Y, ZHANG Q, WANG G, et al. A review of photovoltaic poverty alleviation projects in China：Current status, challenge and policy recommendations[J]. Renewable & Sustainable Energy Reviews, 2018(94).

[10]金梅，申云. 易地扶贫搬迁模式与农户生计资本变动——基于准实验的政策评估[J]. 广东财经大学学报, 2017, 32(5).

[11]陈胜东. 农户可持续性生计下移民搬迁扶贫政策实证研究[D]. 江西财经大学, 2017.

[12]黄江玉. 基于可持续生计视角的 PPP 模式减贫效应研究[D]. 中央财经大学, 2019.

[13]SCOONES I. Sustainable rural livelihood：A framework for analysis[M]. Brighton：IDS, 1998.

[14]ELLIS F. Rural livelihood and diversity in development countries[M]. New York：Oxford University Press, 2000.

[15]SEN A. Issues in the measurement of poverty[J]. The Scandinavian Journal of Economics, 1979, 81(2).

[16]中华人民共和国中央人民政府. 中国农村扶贫开发纲要 (2011—2020 年)[EB/OL]. [2020-12-31]. http://www.gov.cn/jrzg/2011-12/01/content_2008462.htm.

[17]CHAMBERS R, CONWAY G R. Sustainable rural livelihoods：Practical concepts for 21st century[J]. Institute of Development Studies, 1992(296).

[18]赵锋. 可持续生计分析框架的理论比较与研究述评[J]. 兰州财经大学学报, 2015, 31(5).

[19]许晓敏，张立辉. 共享经济模式下我国光伏扶贫产业的商业模式及发展路径研究[J]. 管理世界, 2018, 34(8).

[20]ROWNTREE B S. Poverty：A study of town life[M]. Mac-

millan and Co. Press，1901.

[21]刘溪. 西安市新城市贫困空间格局及形成机制研究[D]. 陕西师范大学，2014.

[22]RAVALLION M. Poverty comparisons[M]. Harwood Academic Publishers，1994.

[23]起建凌，赵梅，卢迎春，等. 马丁法测定云南人口较少民族地区农村最低生活保障标准[J]. 价值工程，2013，32(4).

[24]方迎风. 中国贫困的多维测度[J]. 当代经济科学，2012，34(4).

[25]贺坤，周云波. 精准扶贫视角下中国农民工收入贫困与多维贫困比较研究[J]. 经济与管理研究，2018，39(2).

[26]ADATO M，CARTER M R，MAY J. Exploring poverty traps and social exclusion in South Africa using qualitative and quantitative data[J]. Journal of Development Studies，2006，42(2).

[27]SEN A. Elements of a theory of human rights[J]. Philosophy & Public Affairs，2004，32(4).

[28]NUSSBAUM M，SEN A. Quality of life[M]. Oxford：Clarendon Press，1993.

[29]ALKIRE S，FOSTER J. Counting and multidimensional poverty measurement[J]. Journal of Public Economics，2011，95(7-8).

[30]ALKIRE S，SETH S. Multidimensional poverty reduction in India between 1999 and 2006：Where and How？[J]. World Development，2015(72).

[31]邹薇，方迎风. 关于中国贫困的动态多维度研究[J]. 中国人口科学，2011(6).

[32]孙鲁云，谭斌. 自我发展能力剥夺视角下贫困地区多维贫困的测度与分析——以新疆和田地区为例[J]. 干旱区资源与环境，2018，32(2).

[33]彭继权，吴海涛，汪为. 家庭生命周期视角下农户多维贫困测度及分解[J]. 统计与决策，2019，35(12).

[34]祝建华. 城市居民家庭贫困脆弱性的测度、因素识别与消

减策略[J]. 河北大学学报(哲学社会科学版)，2019，44(3).

[35]李丽忍，陈云. 我国农村家户多维贫困脆弱性的测度分析[J]. 统计与决策，2019，35(11).

[36]蒋南平，郑万军. 中国农民工多维返贫测度问题[J]. 中国农村经济，2017(6).

[37]蒋南平，郑万军. 中国农村人口贫困变动研究——基于多维脱贫指数测度[J]. 经济理论与经济管理，2019(2).

[38]杨帆，陈凌珠，庄天慧，等. 可持续生计视阈下县域多维贫困测度与时空演化研究——以四川藏区行政区划县为例[J]. 软科学，2017，31(10).

[39]杨晶，丁士军，邓大松. 人力资本、社会资本对失地农民个体收入不平等的影响研究[J]. 中国人口·资源与环境，2019，29(3).

[40]刘小珉. 农户满意度视角的民族地区农村扶贫开发绩效评价研究——基于 2014 年民族地区大调查数据的分析[J]. 民族研究，2016(2).

[41]陈宗富，马敏. 基于数据包络分析方法的农业生产效率评价——来自西部欠发达地区 170 个苗族村的调查[J]. 生态经济，2016，32(1).

[42]SINGH S. Evaluation of world's largest social welfare scheme: An assessment using non-parametric approach[J]. Evaluation and Program Planning，2016(57).

[43]焦克源，徐彦平. 少数民族贫困县扶贫开发绩效评价的实证研究——基于时序主成分分析法的应用[J]. 西北人口，2015，36(1).

[44]郭猛超. 基于 SD-AHP 的开发式扶贫项目仿真及后评价[D]. 华中科技大学，2011.

[45]RUTHERFORD D D，BURKE H M，CHEUNG K K，et al. Impact of an agricultural value chain project on smallholder farmers, households, and children in liberia[J]. World Development，2016(83).

［46］BEHRMAN J R, HODDINOTT J. Programme evaluation with unobserved heterogeneity and selective implementation: The Mexican PROGRESA impact on child nutrition［J］. Oxford Bulletin of Economics and Statistics, 2005, 67(4).

［47］VISSER M, ZUNGU N, NDALA-MAGORO N. ISIBINDI, creating circles of care for orphans and vulnerable children in South Africa: post-programme outcomes［J］. Aids Care-Psychological and Socio-Medical Aspects of Aids/Hiv, 2015, 27(8).

［48］RAVI S, ENGLER M. Workfare as an effective way to fight poverty: The case of India's NREGS［J］. World Development, 2015 (67).

［49］RONSEN M, SKARDHAMAR T. Do welfare-to-work initiatives work? Evidence from an activation programme targeted at social assistance recipients in Norway［J］. Journal of European Social Policy, 2009, 19(1).

［50］GAO Q, YANG S, LI S. Welfare, targeting, and anti-poverty effectiveness: The case of urban China［J］. Quarterly Review of Economics and Finance, 2015(56).

［51］帅传敏, 李文静, 程欣, 等. 联合国 IFAD 中国项目减贫效率测度——基于 7 省份 1356 农户的面板数据［J］. 管理世界, 2016(3).

［52］申云, 彭小兵. 链式融资模式与精准扶贫效果——基于准实验研究［J］. 财经研究, 2016, 42(9).

［53］CHING H S, HSIAO C, WAN S K. A panel data approach for program evaluation——Measuring the benefits of political and economic integration of Hong Kong with mainland China［M］. Nedlands: Univ Western Australia, 2009.

［54］卫梦星. "反事实"思想在宏观政策效应评估中的应用［D］. 中国社会科学院研究生院, 2013.

［55］MENG L S. Evaluating China's poverty alleviation program: A regression discontinuity approach［J］. Journal of Public Economics,

2013(101).

[56]HECKMAN J J. Econometric causality[J]. International Statistical Review, 2008, 76(1).

[57]苏芳, 徐中民, 尚海洋. 可持续生计分析研究综述[J]. 地球科学进展, 2009, 24(1).

[58]CARNEY D. Implementing a sustainable livelihood approach [M]. London: Department for internatianal development, 1998.

[59]BEBBINGTON A. Capitals and capabilities: A framework for analyzing peasant viability, rural livelihoods and poverty[J]. World Development, 1999, 27(12).

[60]JOSEPH A A, MICHAEL M. Land dealsand commercial agriculture in Nigeria: The new Nigerian farms in Shonga[N]. Kwara State, 2003-10-12.

[61]BIGGS E M, BRUCE E, BORUFF B, et al. Sustainable development and the water-energy-food nexus: A perspective on livelihoods[J]. Environmental Science & Policy, 2015(54).

[62]刘志飞, 陈倩茹, 谢花林. 西部山区农户生计资产综合评价——以遵义市为例[J]. 资源与生态学报, 2018, 9(2).

[63]陈传波. 农户风险与脆弱性: 一个分析框架及贫困地区的经验[J]. 农业经济问题, 2005(8).

[64]于秀波, 张琛, 潘明麒. 退田还湖后替代生计的经济评估研究——以洞庭湖西畔山洲垸为例[J]. 长江流域资源与环境, 2006(5).

[65]HESSELBERG J. An assessment of the extent and causes of food insecurity in northern ghana using a livelihood vulnerability framework[J]. Geo Journal, 2006, 76(1).

[66]SUSILONINGTYAS D. Coastal livelihood sustainability analysis of migration activity at tanjung luar and salura island indonesia[M]. Southeast Asian Geography Association, 2019.

[67]LI W J, SHUAI C M, SHUAI Y, et al. How livelihood assets contribute to sustainable development of smallholder farmers[J].

Journal of International Development, 2020, 32(3).

[68] LI C, WANG M, SONG Y A. Vulnerability and livelihood restoration of landless households after land acquisition: Evidence from peri-urban China[J]. Habitat International, 2018(79).

[69] MASUD M M, KARI F, YAHAYA R B, et al. Livelihood assets and vulnerability context of marine park community development in Malaysia[J]. Social Indicators Research, 2016, 125(3).

[70] MUKISA N, ZAMORA R, LIE T T. Assessment of community sustainable livelihoods capitals for the implementation of alternative energy technologies in Uganda-Africa[J]. Renewable Energy, 2020(160).

[71] GHARIBVAND H K, AZADI H, DASHTPAGERDI M M, et al. Factors affecting sustainable rangeland management: Experts' attitudes towards livelihood cornerstones in the bazoft region[J]. European Journal of Sustainable Development, 2016, 5(3).

[72] TACCONI L, MAHANTY S, SUICH H. The livelihood impacts of payments for environmental services and implications for REDD[J]. Society & Natural Resources, 2013, 26(6).

[73] 黎洁, 李亚莉, 邰秀军, 等. 可持续生计分析框架下西部贫困退耕山区农户生计状况分析[J]. 中国农村观察, 2009(5).

[74] 赵雪雁. 生计资本对农牧民生活满意度的影响——以甘南高原为例[J]. 地理研究, 2011, 30(4).

[75] 尚海洋, 苏芳. 生态补偿方式对农户生计资本的影响分析[J]. 冰川冻土, 2012, 34(4).

[76] 何仁伟, 刘邵权, 陈国阶, 等. 中国农户可持续生计研究进展及趋向[J]. 地理科学进展, 2013, 32(4).

[77] NARAIN V. Growing city, shrinking hinterland: land acquisition, transition and conflict in peri-urban Gurgaon, India[J]. Environment and Urbanization, 2009, 21(2).

[78] SOLTANI A, ANGELSEN A, EID T, et al. Poverty, sustainability, and household livelihood strategies in Zagros, Iran[J]. Ecological Economics, 2012(79).

189

[79]涂丽. 生计资本、生计指数与农户的生计策略——基于 CLDS 家户数据的实证分析[J]. 农村经济, 2018(8).

[80]黄江玉, 曹富国. 我国 PPP 模式的减贫效应研究: 基于可持续生计理论[J]. 财政研究, 2019(11).

[81]OBERLACK C, TEJADA L, MESSERLI P, et al. Sustainable livelihoods in the global land rush? Archetypes of livelihood vulnerability and sustainability potentials[J]. Global Environmental Change-Human and Policy Dimensions, 2016(41).

[82]万亚胜, 程久苗, 费罗成, 等. 基于结构方程模型的农地转出户可持续生计分析——以安徽省为例[J]. 江苏农业科学, 2017, 45(13).

[83]王富珍, 周国华, 唐承丽, 等. 基于可持续生计分析框架的山区县域脱贫稳定性评价[J]. 农业工程学报, 2019, 35(2).

[84]CHIRAMBO D. Towards the achievement of SDG 7 in sub-Saharan Africa: Creating synergies between Power Africa, Sustainable Energy for All and climate finance in-order to achieve universal energy access before 2030[J]. Renewable & Sustainable Energy Reviews, 2018(94).

[85]SALMON C, TANGUY J. Rural electrification and household labor supply: Evidence from nigeria[J]. World Development, 2016(82).

[86]MAINALI B, AHMED H, SILVEIRA S. Integrated approach for provision of clean energy and water in rural Bangladesh[J]. Groundwater for Sustainable Development, 2018(7).

[87]DORNAN M. Renewable energy development in small island developing states of the pacific[J]. Resources-Basel, 2015, 4(3).

[88]ASUMADU-SARKODIE S, OWUSU P A. A review of Ghana's energy sector national energy statistics and policy framework[J]. Cogent Engineering, 2016, 3(1).

[89]MADRIZ-VARGAS R, BRUCE A, WATT M. The future of Community Renewable Energy for electricity access in rural Central

America[J]. Energy Research & Social Science, 2018(35).

[90]XU X F, WEI Z F, JI Q, et al. Global renewable energy development: Influencing factors, trend predictions and countermeasures[J]. Resources Policy, 2019(63).

[91]SAGAR A D. Alleviating energy poverty for the world's poor [J]. Energy Policy, 2005, 33(11).

[92]SOLVEIG G, TAOYUAN W, BORGAR A, et al. A warmer policy for a colder climate: Can China both reduce poverty and cap carbon emissions? [J]. The Science of the Total Environment, 2016 (568).

[93]ZHANG T, SHI X P, ZHANG D Y, et al. Socio-economic development and electricity access in developing economies: A long-run model averaging approach[J]. Energy Policy, 2019(132).

[94]TERRAPON-PFAFF J, DIENST C, KONIG J, et al. A cross-sectional review: Impacts and sustainability of small-scale renewable energy projects in developing countries[J]. Renewable & Sustainable Energy Reviews, 2014(40).

[95]LEE J, SHEPLEY M M. Benefits of solar photovoltaic systems for low-income families in social housing of Korea: Renewable energy applications as solutions to energy poverty[J]. Journal of Building Engineering, 2020(28).

[96]BHATTARAI D, SOMANATHAN E, NEPAL M. Are renewable energy subsidies in Nepal reaching the poor? [J]. Energy for Sustainable Development, 2018(43).

[97]HAKIRI J, MOYO A, PRASAD G, et al. Assessing the role of solar home systems in poverty alleviation: Case study of Rukungiri district in Western Uganda[M]. New York: Ieee, 2016.

[98]BAURZHAN S, JENKINS G P. Off-grid solar PV: Is it an affordable or appropriate solution for rural electrification in Sub-Saharan African countries? [J]. Renewable & Sustainable Energy Reviews, 2016(60).

[99]NFAH E M, NGUNDAM J M. Feasibility of pico-hydro and photovoltaic hybrid power systems for remote villages in Cameroon[J]. Renewable Energy, 2009, 34(6).

[100]MBOUMBOUE E, NJOMO D. Potential contribution of re-newables to the improvement of living conditions of poor rural households in developing countries: Cameroon's case study[J]. Renewable & Sustainable Energy Reviews, 2016(61).

[101]SHARIF I, MITHILA M. Rural electrification using PV: the success story of bangladesh[J]. Energy Procedia, 2013(33).

[102]BISWAS W K, DIESENDORF M, BRYCE P. Can photo-voltaic technologies help attain sustainable rural development in Bangla-desh? [J]. Energy Policy, 2004, 32(10).

[103]THIAM D R. Renewable energy, poverty alleviation and de-veloping nations: Evidence from Senegal [J]. Journal of Energy in Southern Africa, 2011, 22(3).

[104]KAMALAPUR G D, UDAYKUMAR R Y. Rural electrifica-tion in India and feasibility of Photovoltaic Solar Home Systems[J]. In-ternational Journal of Electrical Power & Energy Systems, 2011, 33 (3).

[105]刘国玲, 何嘉欣, 周思彤. 推进农村贫困地区光伏扶贫产业可持续发展[J]. 科学大众(科学教育), 2020(1).

[106]ZHU L, ZHENG T. Proceedings of the 2017 2nd interna-tional conference on machinery, electronics and control simulation[M]. Paris: Atlantis Press, 2017.

[107]ZHANG H M, XU Z D, SUN C W, et al. Targeted pover-ty alleviation using photovoltaic power: Review of Chinese policies[J]. Energy Policy, 2018(120).

[108]YAO M Q, CAI X. An overview of the photovoltaic industry is status and perspective in China[J]. Ieee Access, 2019(7).

[109]HOU J C, LUO S, CAO M C. A review on China's current situation and prospects of poverty alleviation with photovoltaic power gen-

eration[J]. Journal of Renewable and Sustainable Energy, 2019, 11 (1).

[110]GEALL S, SHEN W, GONGBUZEREN. Solar energy for poverty alleviation in China：State ambitions, bureaucratic interests, and local realities[J]. Energy Research & Social Science, 2018(41).

[111]钟银燕. 光伏扶贫频现模式创新[N]. 科学导报, 2016-06-27.

[112]刘渊. 精准扶贫视角下"光伏扶贫"建设方案及收益分配——以山西 A 县为例[J]. 中国统计, 2017(4).

[113]洪博文, 冯凯辉, 穆云飞, 等. 农村分布式可再生能源利用模式与应用[J]. 中国电力, 2020, 53(2).

[114]MEAH K, ALI M H. Sustainable small-scale photovoltaic technology for poverty alleviation——A case study in Bangladesh[C]. New York：Ieee, 2019.

[115]YI T, TONG L, QIU M H, et al. Analysis of driving factors of photovoltaic power generation efficiency：A case study in China [J]. Energies, 2019, 12(3).

[116]WU Y N, KE Y M, ZHANG T, et al. Performance efficiency assessment of photovoltaic poverty alleviation projects in China：A three-phase data envelopment analysis model[J]. Energy, 2018 (159).

[117]WU Y N, KE Y M, WANG J, et al. Risk assessment in photovoltaic poverty alleviation projects in China under intuitionistic fuzzy environment[J]. Journal of Cleaner Production, 2019(219).

[118]童光毅, 倪琦, 潘跃龙, 等. 农业信息化背景下光伏发电扶贫模式及效益提升机制研究[J]. 农业工程学报, 2019, 35 (10).

[119]魏晓波. 分布式光伏发电在扶贫工作中大有可为[J]. 北方经济, 2016(3).

[120]ZHANG H M, XU Z D, ZHOU D Q, et al. Targeted poverty alleviation using photovoltaic power in China：Identifying financial

193

options through a dynamic game analysis [J]. Resources Conservation and Recycling, 2018(139).

[121]LI Y, ZHANG Q, WANG G, et al. Promotion policies for third party financing in Photovoltaic Poverty Alleviation projects considering social reputation[J]. Journal of Cleaner Production, 2019(211).

[122]XU L, ZHANG Q, SHI X P. Stakeholders strategies in poverty alleviation and clean energy access: A case study of China's PV poverty alleviation program[J]. Energy Policy, 2019(135).

[123]SHAN H Y, YANG J L. Sustainability of photovoltaic poverty alleviation in China: An evolutionary game between stakeholders [J]. Energy, 2019(181).

[124]中央人民政府. 中华人民共和国可再生能源法[EB/OL]. [2020-12-04]. http://www.npc.gov.cn/zgrdw/npc/zt/qt/2013zhhbsjx/2013-12/04/content_1815400.htm.

[125]佚名. 具备 7 大优势的光伏扶贫, 除了扶"贫"还要扶 "智"[EB/OL]. [2020-11-11]. https://www.sohu.com/a/231000671 _638692.

[126]LI J X, WANG Z H, CHENG X, et al. Has solar PV achieved the national poverty alleviation goals? Empirical evidence from the performances of 52 villages in rural China [J]. Energy, 2020 (201).

[127]ZHANG H M, XU Z D, WU K, et al. Multi-dimensional poverty measurement for photovoltaic poverty alleviation areas: Evidence from pilot counties in China[J]. Journal of Cleaner Production, 2019 (241).

[128]国家能源局. 关于实施光伏发电扶贫工作的意见[EB/OL]. [2020-12-25]. http://www.nea.gov.cn/2016-04/05/c_135250679.htm.

[129]孙艳伟, 王润, 肖黎姗, 等. 中国并网光伏发电系统的经济性与环境效益[J]. 中国人口・资源与环境, 2011, 21(4).

[130]孙英云, 侯建兰, 何国庆, 等. 一种考虑备用影响的光

伏发电碳减排量计算方法[J]. 电力系统自动化, 2014, 38(17).

[131]钱科军, 袁越, 石晓丹, 等. 分布式发电的环境效益分析[J]. 中国电机工程学报, 2008(29).

[132]周少祥, 胡三高, 程金明. 能源利用的环境影响评价指标的统一化研究[J]. 工程热物理学报, 2006(1).

[133]LALEMAN R, ALBRECHT J, DEWULF J. Life Cycle Analysis to estimate the environmental impact of residential photovoltaic systems in regions with a low solar irradiation[J]. Renewable & Sustainable Energy Reviews, 2011, 15(1).

[134]CUCCHIELLA F, D'ADAMO I. Feasibility study of developing photovoltaic power projects in Italy: An integrated approach[J]. Renewable & Sustainable Energy Reviews, 2012, 16(3).

[135]BEN OTHMAN A, OUNI A, BESBES M. Deep learning-based estimation of PV power plant potential under climate change: A case study of El Akarit, Tunisia[J]. Energy Sustainability and Society, 2020, 10(1).

[136]REINDL T, WALSH W, ZHAN Y Q, et al. Energy meteorology for accurate forecasting of PV power output on different time horizons[J]. Energy Procedia, 2017(130).

[137]YANG Y, YIFANG L, WEI Z. Energy consumption in Rural China: Analysis of rural living energy in Beijing[C]. Proceedings of the IOP Conf Ser Earth Environ Sci, F, 2017.

[138]HUANG F, LIU J, WANG Z, et al. Of jobs, skills, and values: Exploring rural household energy use and solar photovoltaics in poverty alleviation areas in China[J]. Energy Research & Social Science, 2020(67).

[139]帅传敏, 巩冰. 基于学习和参与行为的扶贫项目可持续性的实证研究[J]. 中国地质大学学报(社会科学版), 2012, 12(2).

[140]WALLENBORN M. Skills development for poverty reduction: The case of Tajikistan[J]. International Journal of Educational

195

Development, 2009, 29(6).

[141]PRETTY J N. Participatory learning for sustainable agriculture[J]. World Development, 1995, 23(8).

[142]PAGLIARINO E, ORLANDO F, VAGLIA V, et al. Participatory research for sustainable agriculture: the case of the Italian agroecological rice network[J]. European Journal of Futures Research, 2020, 8(1).

[143]BRUGES M, SMITH W. Participatory approaches for sustainable agriculture: A contradiction in terms? [J]. Agriculture and Human Values, 2008, 25(1).

[144]ADRIANTO L, MATSUDA Y, SAKUMA Y. Assessing local sustainability of fisheries system: a multi-criteria participatory approach with the case of Yoron Island, Kagoshima prefecture, Japan[J]. Marine Policy, 2005, 29(1).

[145]VISHNUDAS S, SAVENIJE H H, et al. Sustainability analysis of two participatory watershed projects in Kerala[J]. Physics and Chemistry of the Earth, 2008, 33(1-2).

[146]郭君平，曲颂，夏英，等. 参与式社区综合发展的动态减贫效应及其机理分析——基于消费与收入流动性双重视角的实证检验[J]. 劳动经济研究，2017，5(5).

[147]施海波，李芸，张姝，等. 精准扶贫背景下产业扶贫资产管理与收益分配优化研究[J]. 农业经济问题，2019(3).

[148]SEN A. Development as Freedom[M]. Oxford: Oxford University Press, 1999.

[149]王艳萍. 阿马蒂亚·森的"能力方法"在发展经济学中的应用[J]. 经济理论与经济管理，2006(4).

[150]ROBEYNS I. The capability approach: A theoretical survey [J]. Journal of Human Development, 2005, 6(1).

[151]SOLOMON B B. Black empowerment: Social work in oppressed communities[M]. Columbia University Press, 1976.

[152]王三秀. 农村贫困治理模式创新与贫困农民主体性构造

[J]. 毛泽东邓小平理论研究，2012(8).

[153]贾克平. 可持续发展理论研讨综述[J]. 经济学动态，1997(8).

[154]江书军，陈茜林. 生态文明建设视阈下绿色减贫模式研究——以河南省淅川县为例[J]. 生态经济，2020，36(7).

[155]MOLOSI-FRANCE K, DIPHOLO1 K. Rethinking participatory rural development in botswana：Is the enemy in the theory or in the implementation process of the theory？[J]. The International Journal of Community and Social Development，2019，1(4).

[156]华永新. 参与式发展理论在农村能源生态建设中的应用探讨[J]. 可再生能源，2008(5).

[157]严秀兰. 从政府主导到参与式发展：新农村体育发展范式转换[J]. 体育与科学，2014，35(2).

[158]高晶，马建荣，陈彤. 少数民族农民参与式发展的行为及影响因素研究——以疏勒县为例[J]. 新疆农业科学，2016，53(6).

[159]ROBERTS M，杨国安. 可持续发展研究方法国际进展——脆弱性分析方法与可持续生计方法比较[J]. 地理科学进展，2003(1).

[160]凌经球. 可持续脱贫：新时代中国农村贫困治理的一个分析框架[J]. 广西师范学院学报(哲学社会科学版)，2018，39(2).

[161]孙巍，冯星，徐彬. 异质性视角下中国农村居民减贫效应研究——基于 FGT 贫困指数的分解新方法[J]. 统计研究，2020，37(9).

[162]刘霞，潘晓良. 不确定性风险选择的抱负水平——相对效用整合理论[J]. 心理科学，1998(5).

[163]管睿，王文略，余劲. 可持续生计框架下内生动力对农户家庭收入的影响[J]. 西北农林科技大学学报(社会科学版)，2019，19(6).

[164]方迎风. 行为视角下的贫困研究新动态[J]. 经济学动

态，2019(1).

[165]谢治菊，李小勇.认知科学与贫困治理[J].探索，2017(6).

[166]刘海霞，马立志.习近平扶贫开发思想探析[J].中共天津市委党校学报，2017，19(5).

[167]张蓓.以扶志、扶智推进精准扶贫的内生动力与实践路径[J].改革，2017(12).

[168]杭承政，胡鞍钢."精神贫困"现象的实质是个体失灵——来自行为科学的视角[J].国家行政学院学报，2017(4).

[169]郑瑞强.贫困群众脱贫内生动力激发：行动框架拓展与实证——以内蒙古兴安盟为例[J].贵州社会科学，2019(1).

[170]徐志明.我国贫困农户产生的原因与产业化扶贫机制的建立[J].农业现代化研究，2008(6).

[171]林闽钢.激活贫困者内生动力：理论视角和政策选择[J].社会保障评论，2019，3(1).

[172]徐志明.贫困农户内生动力不足与扶贫政策绩效——基于江苏省342个贫困农户的实证分析[J].农业经济，2013(1).

[173]薛刚.精准扶贫中贫困群众内生动力的作用及其激发对策[J].行政管理改革，2018(7).

[174]莫光辉，张菁.基于"人本主义"视角的贫困人口扶志扶智路径创新[J].中共中央党校学报，2018，22(3).

[175]FRANKENHUIS W E, NETTLE D. The strengths of people in poverty[J]. Current Directions in Psychological Science, 2020, 29(1).

[176]JANZEN S A, MAGNAN N P, SHARMA S, et al. Aspirations failure and formation in rural Nepal[J]. Journal of Economic Behavior & Organization, 2017(139).

[177]LYBBERT T J, WYDICK B. Poverty, aspirations, and the economics of hope[J]. Economic Development and Cultural Change, 2018, 66(4).

[178]VEENHOVEN R. The fourqualities of life: Ordering con-

cepts and measures of the good life[J]. Journal of Happiness Studies, 2000(1).

[179] RAY D. Aspirations, poverty and economic change[M]. New York: Oxford University Press, 2006.

[180]COPESTAKE J, CAMFIELD L. Measuring multidimensional aspiration gaps: A means to understanding cultural aspects of poverty[J]. Development Policy Review, 2010, 28(5).

[181]CHIVERS D. Success, survive or escape? Aspirations and poverty traps[J]. Journal of Economic Behavior & Organization, 2017 (143).

[182]KOSEC K, MO C H. Aspirations and the role of social protection: Evidence from a natural disaster in rural Pakistan[J]. World Development, 2017(97).

[183]SPENCER B, CASTANO E. Social class is dead. Long live social class! Stereotype threat among low socioeconomic status individuals[J]. Social Justice Research, 2007, 20(4).

[184]DALTON P S, GHOSAL S, MANI A. Poverty and aspirations failure[J]. Economic Journal, 2016(126).

[185]侯志茹, 郭玉鑫, 吴本健. 行为经济学视角下贫困户内生动力不足的内在逻辑[J]. 东北师大学报(哲学社会科学版), 2019(3).

[186]MULLAINATHAN S, SHAFIR E. Scarcity[M]. Penguin UK, 2013.

[187]MANI A, MULLAINATHAN S, SHAFIR E, et al. Poverty impedes cognitive function[J]. Science, 2013(341).

[188]HANG C, HU A. The essence of "mental poverty" phenomenon is individual failure: From the perspective of behavioral science[J]. Journal of China National School of Administration, 2017 (4).

[189]BANERJEE A, DUFLO E. Poor Economics[M]. Hachette UK, 2012.

199

[190]MANI A, MULLAINATHAN S, SHAFIR E, et al. Response to comment on "Poverty impedes cognitive function"[J]. Science, 2013(342).

[191]DANG J H, XIAO S S, DEWITTE S. Commentary: "Poverty impedes cognitive function" and "The poor's poor mental power" [J]. Frontiers in psychology, 2015(6).

[192] TANAKA Y, MUNRO A. Regional variation in risk and time preferences: Evidence from a large-scale field experiment in rural Uganda[J]. Journal of African Economies, 2014, 23(1).

[193]KAHNEMAN D, TVERSKY A. Prospect theory: An analysis of decision under risk[J]. Econometrica, 1979, 75(4).

[194] AZAM J P, GUBERT F. Migrants' remittances and the household in Africa: A review of evidence[J]. Journal of African Economies, 2006(15).

[195]徐志明. 资产收益扶贫的机制创新与现实困境[J]. 现代经济探讨, 2019(11).

[196]宋宝安, 刘赛特. 我国农民工就业权利贫困与赋权反贫困策略研究——基于权利贫困理论[J]. 山东社会科学, 2017(7).

[197]黎毅, 王燕, 罗剑朝. 农地流转、生计策略与农户收入——基于西部6省市调研分析[J]. 农村经济, 2020(9).

[198]GUAN R, WANG W, YU J. Impact of endogenous motivation on household income under the Sustainable Livelihoods Approach [J]. Journal of Northwest A&F University, 2019, 19(6).

[199]LIU J, HUANG F, WANG Z, et al. Understanding the role of rural poor's endogenous impetus in poverty reduction: Evidence from China[J]. Sustainability, 2020, 12(6).

[200]LI W, SHUAI C, SHUAI Y, et al. Empirical study on the poverty identification and poverty reduction paths of immigrants in the Three Gorges Reservoir Region[J]. China Polulation Resources and Environment, 2017, 27(6).

[201]PEREZ-MAQUEO O, MARTINEZ M L, VAZQUEZ G, et

al. Using four capitals to assess watershed sustainability[J]. Environmental Management, 2013, 51(3).

[202]李文静, 帅传敏, 帅钰, 等. 三峡库区移民贫困致因的精准识别与减贫路径的实证研究[J]. 中国人口·资源与环境, 2017, 27(6).

[203]左停, 田甜. 脱贫动力与发展空间: 空间理论视角下的贫困人口内生动力研究——以中国西南一个深度贫困村为例[J]. 贵州社会科学, 2019(3).

[204]万良杰. "心智模式"视角下激发民族地区深度贫困人员内生动力研究[J]. 云南民族大学学报(哲学社会科学版), 2019, 36(3).

[205]陈方, 阎建忠, 李惠莲. 基于农户生计活动的生计策略类型划分——以重庆市典型区为例[J]. 西南大学学报(自然科学版), 2017, 39(11).

[206]刘俊, 张恒锦, 金朦朦, 等. 旅游地农户生计资本评估与生计策略选择——以海螺沟景区为例[J]. 自然资源学报, 2019, 34(8).

[207]单德朋. 教育效能和结构对西部地区贫困减缓的影响研究[J]. 中国人口科学, 2012(5).

[208]HAIR J, HULT G T M, RINGLE C M, et al. A primer on partial least squares structural equation modeling(PLS-SEM)[M]. California: Sage Publications, 2013.

[209]PODSAKOFF P M, MACKENZIE S B, PODSAKOFF N P. Sources of method bias in social science research and recommendations on how to control It[J]. Annual Review of Psychology, 2012(63).

[210]HENSELER J, RINGLE M, SARSTEDT M. A new criterion for assessing discriminant validity in variance-based structural equation modeling[J]. Journal of the Academy of Marketing Science, 2015, 43(1).

[211]BARON R M, KENNY D A. The moderator-mediator variable distinction in social psychological research: conceptual, strategic,

and statistical considerations[J]. Journal of Personality and Social Psychology, 1986, 51(6).

[212]RINGLE C M, SARSTEDT M. Gain more insight from your PLS-SEM results The importance-performance map analysis[J]. Industrial Management & Data Systems, 2016, 116(9).

[213]MARTILLA J A, JAMES J C. Importance-performance analysis[J]. Journal of Marketing, 1977, 41(1).

[214]KENNEDY D W, KENNEDY S L. Using importance-performance analysis for evaluating university health services[J]. Journal of American College Health, 1987, 36(1).

[215]JOHNSON P O, AXEN D M, BEEBE B F, et al. Using importance-performance analysis to define the RN role in discharge planning[J]. Journal of Nursing Quality Assurance, 1988, 2(4).

[216]HAWES J M, RAO C P. Using importance-performance analysis to develop health care marketing strategies[J]. Journal of Health Care Marketing, 1985, 5(4).

[217]路亦康. 基于复杂网络的个体异质性对疾病传播的影响[D]. 云南财经大学, 2020.

[218]孙伯驰, 曹景林. 社会资本异质性与农村减贫成效差异——基于收入增长和差距缩小的双重视角分析[J]. 商业研究, 2020(1).

[219]王生云. 中国经济高速增长的亲贫困程度研究: 1989—2009[D]. 浙江大学, 2013.

[220]尹飞霄. 人力资本与农村贫困研究: 理论与实证[D]. 江西财经大学, 2013.

[221]吴奶金, 庄子豪, 林萍萍, 等. 贫困家庭收入特征、增收困境与可持续减贫策略研究——基于宁德市433户调研样本[J]. 福建农林大学学报(哲学社会科学版), 2018, 21(4).

[222]HASTIE B. Linking cause and solution: Predicting support for poverty alleviation proposals[J]. Australian Psychologist, 2010, 45(1).

［223］WANG Z, ZHANG B, YIN J, et al. Determinants and policy implications for household electricity-saving behaviour：Evidence from Beijing, China［J］. Energy Policy, 2011, 39(6).

［224］蒋凯峰. 我国农村贫困、收入分配和反贫困政策研究［D］. 华中科技大学, 2009.

［225］杨龙, 汪三贵. 贫困地区农户的多维贫困测量与分解——基于 2010 年中国农村贫困监测的农户数据［J］. 人口学刊, 2015, 37(2).

［226］李明桥. 贵州山区收入结构对农户贫困状况的影响——基于普定县 3 个行政村的农户调查数据［J］. 南京农业大学学报(社会科学版), 2016, 16(6).

［227］李实, 詹鹏, 杨灿. 中国农村公共转移收入的减贫效果［J］. 中国农业大学学报(社会科学版), 2016, 33(5).

［228］徐定德, 张继飞, 刘邵权, 等. 西南典型山区农户生计资本与生计策略关系研究［J］. 西南大学学报(自然科学版), 2015, 37(9).

［229］李文静. 三峡库区贫困移民的精准识别与减贫策略研究［D］. 中国地质大学, 2018.

［230］WANG Z, HUANG F, LIU J, et al. Does solar PV bring a sustainable future to the poor? ——An empirical study of antipoverty policy effects on environmental sustainability in rural China［J］. Energy Policy, 2020, 145：111.

［231］CHEN Q, YANG H, LIU T, et al. Household biomass energy choice and its policy implications on improving rural livelihoods in Sichuan, China［J］. Energy Policy, 2016(93).

［232］仇焕广, 严健标, 李登旺, 等. 我国农村生活能源消费现状、发展趋势及决定因素分析——基于四省两期调研的实证研究［J］. 中国软科学, 2015(11).

［233］董梅, 徐璋勇. 农村家庭能源消费结构及影响因素分析——以陕西省 1303 户农村家庭调查为例［J］. 农林经济管理学报, 2018, 17(1).

[234]QUAGLIONE D, CASSETTA E, CROCIATA A, et al. Exploring additional determinants of energy-saving behaviour：The influence of individuals' participation in cultural activities[J]. Energy Policy, 2017(108).

[235]YUE T, LONG R, CHEN H. Factors influencing energy-saving behavior of urban households in Jiangsu Province[J]. Energy Policy, 2013(62).

[236]洪兴建, 高鸿桢. 反贫困效果的模型分解法及中国农村反贫困的实证分析[J]. 统计研究, 2005(3).

[237]姚洪心, 王喜意. 劳动力流动、教育水平、扶贫政策与农村收入差距——一个基于 multinomial logit 模型的微观实证研究[J]. 管理世界, 2009(9).

[238]徐舒, 朱南苗. 异质性要素回报、随机冲击与残差收入不平等[J]. 经济研究, 2011, 46(8).

[239]马文武, 刘虔. 异质性收入视角下人力资本对农民减贫的作用效应研究[J]. 中国人口·资源与环境, 2019, 29(3).

[240]宋瑛, 朱美, 张驰. 贫困村农民专业合作社促农增收减贫的影响因素分析——基于黔、渝 176 份社员的微观调查数据[J]. 特区经济, 2019(8).

[241]廖文梅, 乔金笛, 伍锋. 劳动力转移、致贫异质性与农户减贫研究——以江西省 995 户样本为例[J]. 江西财经大学学报, 2020(3).

[242]李博, 方永恒, 张小刚. 突破推广瓶颈与技术约束：农业科技扶贫中贫困户的科技认知与减贫路径研究——基于全国 12 个省区的调查[J]. 农村经济, 2019(8).

[243]TANG G. On the concept education of poverty alleviation of cultural industry in Yulong County[J]. Journal of Contemporary Educational Research, 2020, 4(7).

[244]张梦娣, 黄波, 张涛. 农户视角下土地整治与减贫满意度——基于 5 省区 869 户农户的实证分析[J]. 中国农业资源与区划, 2020, 41(10).

［245］颜廷武，张童朝，江鑫. 农户对农产品供应链减贫增收价值认知及影响因素研究［J］. 中南民族大学学报（人文社会科学版），2017，37（5）.

［246］朱玉知，孙海彬，杨静. 家用光伏发电政策认知与需求的调查研究［J］. 经济纵横，2012（5）.

［247］ALRASHOUD K，TOKIMATSU K. Factors influencing social perception of residential solar photovoltaic systems in Saudi Arabia［J］. Sustainability，2019，11（19）.

［248］丁丽萍，帅传敏，李文静，等. 基于 SEM 的公众太阳能光伏发电认知和采纳意愿的实证研究［J］. 资源科学，2015，37（7）.

［249］RAVALLION M. Evaluating anti-poverty programs［M］. Handbook of Development Economics，1995.

［250］TANG K Y，SHEN Y J. Do china-financed dams in sub-saharan africa improve the region's social welfare？A case study of the impacts of Ghana's Bui Dam［J］. Energy Policy，2020，136（111）.

［251］HOLIAN M J. The impact of building energy codes on household electricity expenditures［J］. Economics Letters，2020（186）.

［252］MOHAN G，LONGO A，KEE F. The effect of area based urban regeneration policies on fuel poverty：Evidence from a natural experiment in Northern Ireland［J］. Energy Policy，2018（114）.

［253］ZHANG Y，ZHANG J K. Estimating the impacts of emissions trading scheme on low-carbon development［J］. Journal of Cleaner Production，2019（238）.

［254］YI L，BAI N，YANG L，et al. Evaluation on the effectiveness of China's pilot carbon market policy［J］. Journal of Cleaner Production，2020（246）.

［255］WU W Q，AN S T，WU C H，et al. An empirical study on green environmental system certification affects financing cost of high energy consumption enterprises-taking metallurgical enterprises as an example［J］. Journal of Cleaner Production，2020（244）.

[256]QIAN C, SASAKI N, JOURDAIN D, et al. Local livelihood under different governances of tourism development in China——A case study of Huangshan mountain area [J]. Tourism Management, 2017 (61).

[257]QUANDT A, NEUFELDT H, MCCABE J T. Building livelihood resilience: what role does agroforestry play? [J]. Climate and Development, 2019, 11(6).

[258] LIU Y. Feasibility evaluation of the photovoltaic power generation's construction from the perspective of targeted poverty alleviation[J]. Journal of Beijing Institute of Technology(Social Sciences Edition), 2017, 19(5).

[259]XU X, ZHANG L. Research on the business model and development path of China's photovoltaic poverty alleviation industry under the sharing economy model[J]. Management World, 2018, 34(8).

[260]GUO J, BAI T. The discussion of sustainability of poverty alleviation by industrial development in China: Taking photovoltaic poverty alleviation as an example[J]. Economic Review, 2018(7).

[261]WANG L. Practical difficulties and countermeasures in the photovoltaic industry from the perspective of targeted poverty alleviation [J]. Industrial Technology and Economy, 2018, 37(7).

[262]ZHOU B. Thoughts on the land use policy of PV poverty alleviation industry: Taking shangluo city, shaanxi province as an example[J]. China Land, 2017(12).

[263]ZHOU L, LI Q, LIU J. Research on the model of solar photovoltaic poverty alleviation [J]. Contemporary Economics, 2018 (8).

[264]ZOU L, CHEN P, WANG H, et al. Analysis and optimization path of photovoltaic poverty alleviation project based on field investigation in Fuyang and Zuoquan[J]. China Soft Science, 2019(10).

附录 A 光伏扶贫项目减贫关键人物访谈问卷

1. 您在光伏扶贫项目中扮演哪种角色？参与过几个光伏扶贫项目？

A. 光伏扶贫政策制定者(国家能源局、国务院扶贫办等)

B. 项目牵头单位(省/市/县扶贫办)

C. 项目投资方(企业)

D. 项目实施单位(中标企业)

E. 光伏产品的供应商

F. 村干部

G. 其他

我参加过的光伏扶贫项目：__个。

2. 您认为我国光伏扶贫项目投融资存在的主要问题及其症结何在？光伏扶贫项目的融资模式该如何创新？采用 PPP 融资模型创新的可行性如何？

3. 您认为我国光伏扶贫工程项目招投标过程存在哪些问题？如何进行创新？

4. 我国现有光伏扶贫项目激励机制的有效性如何？国家光伏扶贫的上网电价和各级政府的光伏发电补贴政策是否应予以调整和创新？

5. 我国光伏扶贫的减贫效应和环境效应究竟如何？光伏扶贫

的减贫和环境效应具有可持续性吗？对于促进光伏扶贫项目扶贫效
益和环境效益的可持续性您有何建议？

6. 为促进我国光伏扶贫的健康发展，我国政府哪些政策应该
调整？如何调整？

附录 B　光伏扶贫项目减贫农户问卷

采访人 1：　　　　　　采访人 2：　　　　　监督人：

被访者所在地：_____省（市/区）_____县（市）_____

乡（镇）_____村_____村民小组（屯）

被访者家庭位置：东经_____北纬_____

被访者姓名：_____，性别____，年龄____，是否户主____，

户主出生地：农村/城市

您家是光伏扶贫项目受益户吗？ 1. 是　2. 否

调研日期：　　年　　月　　日

光伏扶贫项目实施时间：_____年___月至_____年___月

问卷编号：

一、农户家庭人口基本情况

1. 家庭人口信息（注：学历：小学＝小，初中＝初，高中/中专＝高，高职＝职，大学＝大，研究生及以上＝研；最近生活足迹：出过乡镇＝1，出过县城＝2，出过省城＝3）。

序号	与户主的关系	性别	年龄	民族	宗教	婚否	学历	是否劳动力	是否建档立卡	主要收入靠务农吗	是否外出务工	是否低保	是否村干部	是否党员	最近生活足迹	有无慢性疾病	是否合作医疗
1	户主																
2																	
3																	
4																	
5																	
6																	

二、农户收入与生活的变化情况

2. 您家受益于哪种精准扶贫帮扶措施？（可多选，请在方框内标注"✓"）

□(1)光伏扶贫　　　　　　　　□(2)干部驻村帮扶

□(3)职业教育培训　　　　　　□(4)扶贫小额信贷或贴息贷款

□(5)易地扶贫搬迁　　　　　　□(6)电商扶贫

□(7)旅游扶贫　　　　　　　　□(8)构树扶贫

□(9)致富带头人创业培训　　　□(10)龙头企业带动

□(11)对口扶贫　　　　　　　　□(12)整村推进

□(13)社会保障式扶贫

□(14)其他产业扶贫(畜牧养殖业，种植业如茶叶、果树等)

3. 您家受益于哪种模式的光伏扶贫项目？（可多选）

(1)户用型光伏扶贫电站(3~5kW，产权归贫困户所有)

(2)村级光伏扶贫电站(100~500kW，产权归村集体所有)

(3)多村联建光伏扶贫电站(≤6000kW)

(4)商业光伏扶贫电站(产权归投资企业所有)

4. 您家每月的用电量情况(注:月用电费:每户都填;月发电量、月上网电量:仅户用型光伏扶贫电站填写)。

用电(发电)情况	月用电费(元)	电价(元/度)	月发电量(度)	月上网电量(度)
2013 年				
2017 年				

5. 2014—2017 年四年间,您家受益于精准扶贫帮扶措施获得的资金投入情况?(单位:元)

措施类型	光伏扶贫	干部驻村帮扶	职业教育培训	扶贫小额信贷或贴息贷款	易地扶贫搬迁	电商扶贫	旅游扶贫
2014—2017 年							

措施类型	构树扶贫	致富带头人创业培训	龙头企业带动	对口扶贫	整村推进	社会保障式扶贫	其他产业扶贫
2014—2017 年							

6. 您家的家庭收入情况(元/每年)。(如有收入,请在收入栏填写具体数值)

收入来源	光伏发电项目收入	光伏电站公益岗位	政府低保补贴	其他政府补贴(如退耕还林)	农业收入(农畜渔林)	外出务工	其他收入(征地等)
2013 年							
2017 年							

7. 您家建档立卡的致贫原因。(可多选)

(1)因病致贫　　　(2)因残致贫　　　(3)因学致贫

(4)因灾致贫　　　(5)缺乏劳动力

(6)缺乏创造收入的能力与机会

(7)缺乏抵御不利因素的能力

（8）其他_____

8. 您多长时间吃一次肉、鸡蛋、牛奶、蔬菜和水果？

种类		从不	偶尔 （1~2 次/周）	经常 （3~4 次/周）	非常频繁 （5~6 次/周）	每天
肉	2013 年					
	2017 年					
鸡蛋	2013 年					
	2017 年					
牛奶	2013 年					
	2017 年					
蔬菜	2013 年					
	2017 年					
水果	2013 年					
	2017 年					

9. 您家的家庭资产变化情况。

类别	拖拉机	农用车	农用器械	自行车	电动车	摩托车	小汽车	电冰箱	电视机	电脑	洗衣机	黄金珠宝	房屋（m²）	其他
2013 年的数量														
现值（元）														
2017 年的数量														
现值（元）														

10. 您家的灌溉方式变化情况。请在相关灌溉方式下打√。

类别	靠天下雨	渠道灌溉	浸灌	喷灌	其他
2013 年					
2017 年					

11. 您家耕地/灌溉面积的变化情况(单位：亩)。

类别	耕地面积(亩)	其中，灌溉面积(亩)
2013 年		
2017 年		

12. 您家农业生产情况(公斤/年，头/年，只/年，牲畜数量统一填出栏量)。

类别	粮食作物	经济作物	猪	鸡/鸭/鹅	鱼(公斤)	马	牛	羊	其他
2013 年的数量									
现值(元)									
2017 年的数量									
现值(元)									

13. 您家农业机械变化情况。请在您家农业机械类别下打√。

类别	没有	耕畜(耕牛等)	手扶拖拉机或小型拖拉机	机动车辆/大中型拖拉机/打谷机/收割机/机动三轮车等
2013 年				
2017 年				

14. 您家的家庭住房变化情况。请在您家住房情况类别下打√。

类别	土坯房	砖瓦(平房)	楼房(二层楼及以上)	其他
2013 年				
2017 年				

15. 您家的家庭金融资产变化情况(单位：元)。

类别	储蓄	债权	债务	金融机构贷款	保险(投保保费)
2013 年					
2017 年					

16. 您家购买的保险类型有哪些？(可多选)

类别	没有买过	非商业性医疗保险(如新农合)	非商业性养老保险(如新农保)	商业保险(任何类型)	其他
2013 年					
2017 年					

17. 2013 年以来，您对生活状况的满意度如何？

2013 年	(1)非常不满意　(2)不满意　(3)一般　(4)满意　(5)非常满意
2017 年	(1)非常不满意　(2)不满意　(3)一般　(4)满意　(5)非常满意

三、社会与赋权

18. 2013 年以来，您家贷款渠道的变化情况(单位：元/年，截至 2013 年底和 2017 年底两个时间点)。

类别	农村信用社贷款		中国农业银行/邮储银行贷款	民间信贷	亲友借款	其他
	光伏项目贷款	其他贷款				
2013 年						
2017 年						

2013 年以来，根据您的实际感知情况对第 19~35 题打分：

得分设置为 1、2、3、4、5 分：1 = 非常不好；2 = 比较不好；3 = 一般；4 = 比较好；5 = 非常好。

问　　　题	年份	1	2	3	4	5
19. 村干部脱贫致富，保护环境等方面的模范带头作用	2013					
	2017					
20. 你们村的村务公开情况	2013					
	2017					
21. 您对今后提高生活水平的信心	2013					
	2017					
22. 您坦然面对生活中发生的不如意事情	2013					
	2017					
23. 你们村专业协会或合作社的发展	2013					
	2017					
24. 妇女的权利和家庭地位	2013					
	2017					
25. 生产技能培训和扫盲培训的力度	2013					
	2017					
26. 贫困村民的就业情况	2013					
	2017					
27. 贫困村民自我发展能力	2013					
	2017					
28. 贫困村民参与民主决策的机会	2013					
	2017					
29. 贫困村民与当地政府或国家公共部门进行对话反映诉求的权利	2013					
	2017					
30. 你们村的九年义务教育水平	2013					
	2017					
31. 在你们村医疗机构(卫生室)的就医体验(就医难、就医贵等)	2013					
	2017					

续表

问　　题	年份	1	2	3	4	5
32. 您在金融市场借贷的便利程度	2013					
	2017					
33. 您抵御农产品市场风险的能力	2013					
	2017					
34. 您抵御自然灾害的能力	2013					
	2017					
35. 您抵御突发事件的能力	2013					
	2017					

四、环境、资源与能源使用情况

36. 光伏扶贫项目实施前后，您家供电稳定性如何?

光伏扶贫项目前(＿＿年)	(1)非常不稳定　(2)不稳定　(3)一般　(4)稳定　(5)非常稳定
光伏扶贫项目后(2017 年)	(1)非常不稳定　(2)不稳定　(3)一般　(4)稳定　(5)非常稳定

37. 2013 年以来，您家通往城镇的道路(或桥梁)材质、主要出行方式、一般耗时的变化情况。

类别	道路(或桥梁)材质	您家最好的机械交通工具	耗时(小时)
2013 年		步行/自行车/摩托车、电动车/家用汽车、卡车	
2017 年		步行/自行车/摩托车、电动车/家用汽车、卡车	

38. 2013 年以来，您家饮用水主要获取方式的变化情况。请在主要获取方式下打✓。

类别	池塘	河流/湖泊	山泉	浅水井	深水井	水窖	自来水	其他
2013 年								
2017 年								

39. 2013 年以来，您家垃圾的处理方式？

类别	自行焚烧	随意丢弃	放置在公共垃圾桶/车	其他
2013 年				
2017 年				

40. 2013 年以来，您家的厕所类型有何变化？

类别	传统马桶	室外旱厕	室内冲水厕所	其他
2013 年				
2017 年				

41. 2013 年以来，您家能源的使用情况？（如有，请在相应类别下面打✓）

类别	柴薪	煤	沼气(甲烷)	天然气或液化石油气	电	太阳能	其他
2013 年							
2017 年							

您家现在做饭用什么燃料？_____ 4 年前呢？_____

2013 年以来，根据您的实际感知情况对第 42~45 题打分：

得分设置为 1、2、3、4、5 分：1＝非常不好；2＝比较不好；3＝一般；4＝比较好；5＝非常好。

问　　题	年份	1	2	3	4	5
42. 您家的耕地质量	2013					
	2017					
43. 您的环保意识	2013					
	2017					
44. 本村的村容村貌状况	2013					
	2017					

问　　题	年份	1	2	3	4	5
45. 本村的生态环境(如水、土地、空气等)状况	2013					
	2017					

五、光伏扶贫项目实施

46. 您认为光伏扶贫项目集体收入分配的合理性如何?

(1)非常不合理　　　(2)不合理　　　　(3)一般

(4)比较合理　　　　(5)非常合理

47. 您对光伏扶贫项目补贴方式的满意程度如何?

(1)非常不满意　　　(2)不满意　　　　(3)一般

(4)比较满意　　　　(5)非常满意

48. 光伏扶贫项目的实际收益与您的预期收益相比,有何差距?

(1)大幅低于预期　　(2)低于预测　　　(3)与预期持平

(4)高于预期　　　　(5)大幅高于预期

49. 您对光伏扶贫项目后续管护满意度如何?

(1)非常不满意　　　(2)不满意　　　　(3)一般

(4)比较满意　　　　(5)非常满意

50. 您在光伏扶贫项目决策、建设、运维过程中的参与度如何?

(1)几乎不参与　　　(2)参与度较低　　(3)有参与

(4)参与度较高　　　(5)积极参与

51. 您对光伏扶贫项目实施的满意度如何?

(1)非常不满意　　　(2)不满意　　　　(3)一般

(4)比较满意　　　　(5)非常满意

52. 您在光伏扶贫项目实施的过程中遇到过哪些问题? (可自由回答,例如补贴不到位不及时、无人维护等。)

————————————————————————

53. 您认为光伏扶贫项目的可持续性如何?

(1)完全不可持续　　(2)不可持续　　　(3)一般

(4)可持续　　　　　(5)非常可持续

54. 随着您知道的信息越多，您对光伏发电项目的信心会发生何种变化？

(1)越来越没有信心　(2)没多大信心　(3)有信心

(4)比较有信心　　　(5)非常有信心

55. 光伏扶贫项目除了在收入、赋权、环境等方面改变了您的生活，还在其他哪些方面对您的生活产生了影响？请自由回答。

_____

六、光伏+

您所在村集体是否采取"农光互补"模式？您家是否参与"农光互补"模式？若是，请回答下列问题：

56. 您家参与"农光互补"模式是否有土地流转？若有，流转面积为：_____亩；年流转租金为：_____元。

57. 您家参与"农光互补"模式获得的纯收入情况？

类别	种植业	畜牧业	渔业	"农光互补"就业	其他
纯收入(元/年)					

七、认知知识

1=完全不了解；2=不太了解；3=略有了解；4=了解；5=非常了解

就个人而言，您对太阳能光伏发电了解多少？	1	2	3	4	5
58. 太阳能电池板功能					
59. 如何利用太阳能发电					
60. 利用太阳能发电对村里有益					
就个人而言，您对太阳能光伏发电项目了解多少？	1	2	3	4	5
61. 太阳能光伏发电项目如何在村里开展的					
62. 太阳能光伏发电项目运作的规则或政策					
63. 太阳能光伏发电项目可以为个人或家庭省钱					
64. 太阳能光伏发电项目的成本或收益					

65. 当有人提到太阳能光伏发电时，您最先想到的是什么：_____

_____

八、社会影响

66. 请问您是从哪里了解到太阳能光伏发电的？

（1）家人　　　　（2）亲戚　　　　（3）朋友

（4）邻居　　　　（5）政府官员　　（6）驻村扶贫干部

（7）村干部　　　（8）光伏企业　　（9）电视、广播、报纸杂志

（10）其他，请说明_____

九、能源节约习惯

请告诉我们您做以下事情的频率：（若无以下题项中提到的电器，则进行假设提问）

	1＝从不	2＝很少	3＝有时	4＝经常	5＝总是
67. 不需要时随手关灯					
68. 冬季将温控器降至 20 度（空调、电暖气）					
69. 夏季将温控器升至 26 度（空调、电扇）					
70. 电器不使用时拔下电源插头					
71. 热水淋浴时间尽量短（电热水器、电热水袋）					
72. 洗衣机满负荷洗衣服					

十、沟通

请告诉我们您在过去一年中与下列人员就太阳能光伏发电进行沟通

的频率：

	1 = 从不	2 = 很少	3 = 有时	4 = 经常	5 = 总是
73. 您多久与朋友讨论太阳能光伏发电？					
74. 您多久与邻居讨论太阳能光伏发电？					
75. 您多久与家人讨论太阳能光伏发电？					
76. 您多久与村干部讨论太阳能光伏发电？					

请告诉我们您是否同意下列陈述？（没有正确或错误的答案，请基于您的判断作答。）

1 = 非常不同意；2 = 不同意；3 = 中立；4 = 同意；5 = 非常同意

十一、禁令规范	1	2	3	4	5
77. 我的很多重要的家人和朋友希望我采用太阳能光伏发电					
78. 我的很多重要的邻居希望我采用太阳能光伏发电					
79. 政府官员希望我采用太阳能光伏发电					
80. 驻村扶贫干部希望我采用太阳能光伏发电					
81. 村干部希望我采用太阳能光伏发电					
82. 光伏企业员工希望我采用太阳能光伏发电					
十二、社会负面影响	1	2	3	4	5
83. 如果我的好邻居采用太阳能光伏发电而我不采用的话，我就觉得我落伍了					
84. 如果我们村大多数村民采用太阳能光伏发电而我不采用的话，我觉得我不是一个好村民					

85. 如果我的大多数好朋友采用太阳能光伏发电而我不采用的话，我觉得我不是一个好朋友					
十三、对供电公司的信任	1	2	3	4	5
86. 我相信国家电网公司在太阳能项目方面是可信的					
87. 我相信国家电网公司提供良好的服务					
88. 我相信国家电网公司关心他们的客户					
十四、环境问题	1	2	3	4	5
89. 我担心因过度使用能源而造成空气和水污染等环境问题					
90. 我担心因过度使用能源导致碳排放量增多					
91. 我担心因过度使用能源会导致自然环境无法恢复					
十五、象征意义	1	2	3	4	5
92. 利用太阳能发电可以减少碳排放量					
93. 利用太阳能发电可以减少空气污染					
94. 利用太阳能发电有助于应对全球变暖					
95. 利用太阳能发电代表清洁能源					
十六、资源分配	1	2	3	4	5
96. 采用太阳能光伏发电项目，我能更好地管理家庭能源的使用量					
97. 采用太阳能光伏发电项目，我能更好地控制家庭能源开支					
98. 采用太阳能光伏发电项目，我们的社区/村能更好地进行环境保护					
十七、权威人士	1	2	3	4	5
99. 我觉得采用这个太阳能光伏发电项目，会对我家的日常生活造成影响					

续表

	1	2	3	4	5
100. 我觉得采用这个太阳能光伏发电项目，国家电网公司会对我家的日常生活有更大的影响					
101. 我觉得采用这个太阳能光伏发电项目，村委会会对我家的日常生活有更大的影响					
十八、社区情感	1	2	3	4	5
102. 我对目前居住的社区/村很有感情					
103. 我居住的社区/村是一个宜居的好地方					
104. 我认为我居住的社区/村有很多好朋友					
十九、期望	1	2	3	4	5
105. 我希望政府兑现承诺，给我们应得的补贴					
106. 我希望政府加强太阳能光伏发电设施的维护					
107. 我希望太阳能光伏发电项目政策保持稳定，不要变得太快					
108. 我希望政府能给我们提供太阳能光伏发电项目所需要的一切支持					

请告诉我们您有多大可能会采用太阳能光伏发电设施？（没有正确或错误的答案，请基于您的判断作答。）

1＝完全不可能；2＝不太可能；3＝略有可能；4＝有可能；5 非常有可能

（以下进行假设性提问，若家中已经安装了太阳能电池板则直接填 5 分）

二十、采纳意向	1	2	3	4	5
109. 您有多大可能明年在自家屋顶安装太阳能电池板？					
110. 您有多大可能在 1~3 年内在自家屋顶安装太阳能电池板？					

二十一、采纳动机/个人目标	1	2	3	4	5
111. 如果太阳能电池板能增加您家房子的经济价值，您会采用太阳能光伏发电吗？					
112. 如果太阳能电池板成本下降，您会采用太阳能光伏发电吗？					
113. 如果政府要求采用太阳能电池板，您会采用太阳能光伏发电吗？					
114. 如果国家加大政策补贴，您会采用太阳能光伏发电吗？					
115. 如果采用太阳能光伏发电能提升您支持可再生能源的形象，您会采用吗？					
116. 您会因为好奇心而采用太阳能光伏发电这种新技术吗？					
二十二、采纳动机/社区目标	1	2	3	4	5
117. 如果采用太阳能光伏发电能提升本村的清洁能源形象，您会采用吗？					
118. 如果采用太阳能光伏发电能提升国家的清洁能源形象，您会采用吗？					
119. 如果您知道太阳能光伏发电是一项有利于村集体经济的技术，您会采用吗？					
120. 如果您知道太阳能光伏发电是一项有利于国民经济的技术，您会采用吗？					
121. 如果您知道太阳能光伏发电能改善国家的生态环境，您会采用吗？					
122. 如果您知道太阳能光伏发电能改善本村的生态环境，您会采用吗？					

续表

二十三、描述性规范	1	2	3	4	5
123. 如果大多数邻居采用太阳能光伏发电，您愿意在自家屋顶安装太阳能电池板吗？					
124. 如果跟您关系要好的邻居采用太阳能光伏发电，您愿意在自家屋顶安装太阳能电池板吗？					
125. 如果跟您的亲戚或朋友采用太阳能光伏发电，您愿意在自家屋顶安装太阳能电池板吗？					

二十四、生活方式的改变

126. 如果知道太阳能光伏发电能为您省钱，您如何控制家庭用电量？

(1)大幅减少用电　　　　(2)减少用电　　　　(3)不确定或不变

(4)增加用电　　　　　　(5)大幅增加用电

127. 您家采纳太阳能光伏发电(包括村级光伏扶贫电站)后，您的节能意识是否发生了变化？

(1)极大减弱　　　　　　(2)减弱　　　　　　(3)不确定或不变

(4)增强　　　　　　　　(5)极大增强